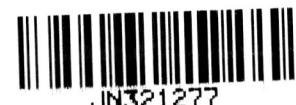

写真・図解

果菜の苗つくり

失敗しないコツと各種接ぎ木法

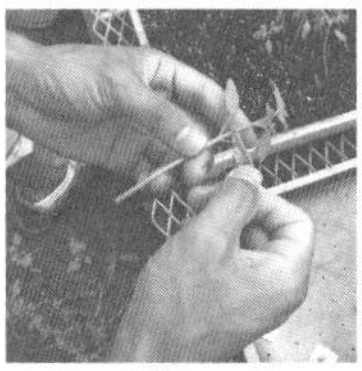

白木己歳

農文協

まえがき

果菜を上手に栽培するには、育ち方に軽快なテンポが必要である。そのためにはスタートが大切であり、よい苗をつくらなければならない。よい苗をつくったという充実感は、畑に植え付けたあとにも、つぎつぎと的確な管理を引き出してくれることで得られる。すべてはよい苗をつくることから始まる。その苗つくりについて、基本から実際のつくり方まで紹介したのが本書である。

本書は、苗つくりの失敗をなくしたいと思っている農家や、これから果菜栽培を目指そうという方を対象に、また家庭菜園で苗から果菜をつくってみようかという方にも利用していただけるように工夫した。図と写真を多くしたのはそのためである。加えて、ベテランの方にも、苗つくりの要点をあらためておさえなおしていただける内容も盛り込むよう心がけた。

ところで、ひと昔前には考えられなかったことであるが、今は果菜の苗を購入できる時代である。このシステムはおおいに活用すべきであるが、とくに初心者の方には、まずは自分で苗を育ててみることをおすすめしたい。自分でタネをまいて始める果菜つくりは、できあがった苗を購入するのとは、ひと味もふた味もちがう。果菜つくりの醍醐味を味わえるし、楽しさも倍増する。また、自分で苗を育てることで、購入苗の目利きも養われるはずである。

苗は、つくり手によって姿を変える。つくり手が10人いれば10通りの姿の苗ができる。それほどに、つくり手の気持ちに応えてくれるのが苗である。読者の皆さんが思いのこもった苗をつくるのに、本書を役立ててもらえるなら、筆者にとってこれ以上の喜びはない。

本書をまとめるにあたって、農文協書籍編集部にひとかたならぬ激励と助力をいただいた。記して深甚の謝意を表する。

2006年6月

白木 己歳

目次

3 接ぎ木の共通技術

4 苗つくりについてのQ&A

野菜別 苗つくりの実際

イラスト●中村章伯　レイアウト●條 克己

【本書であつかう部位名と計測の仕方】

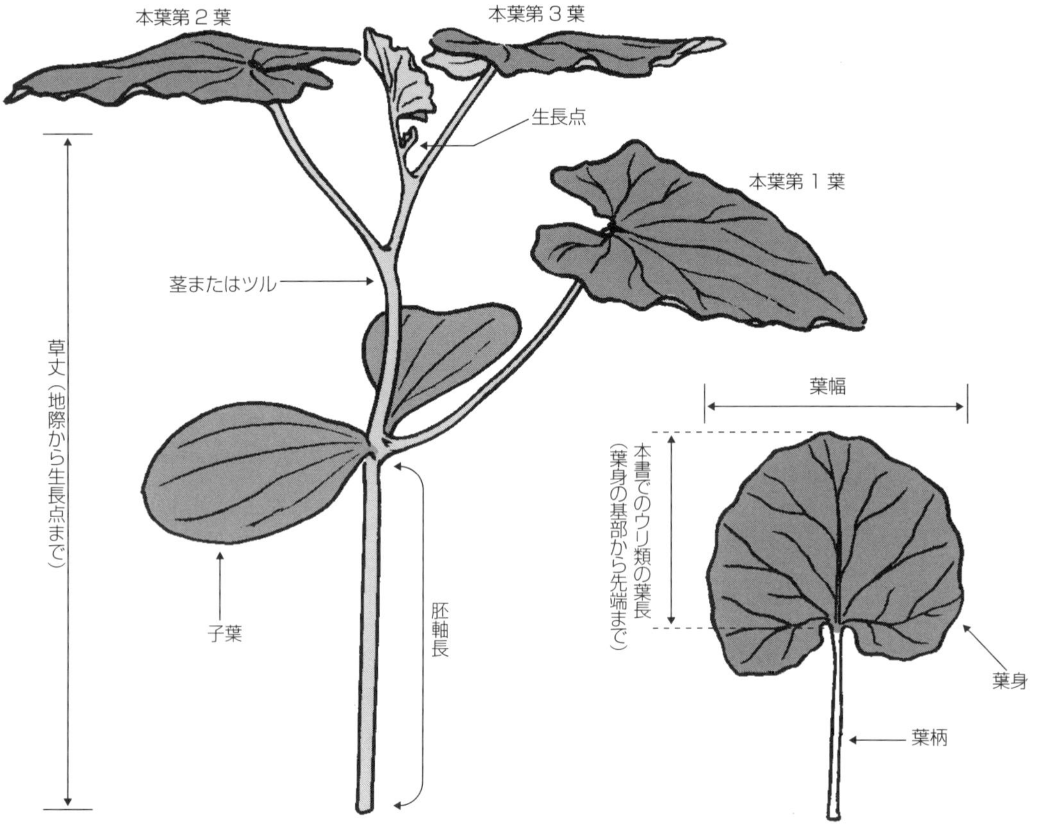

トマトの場合

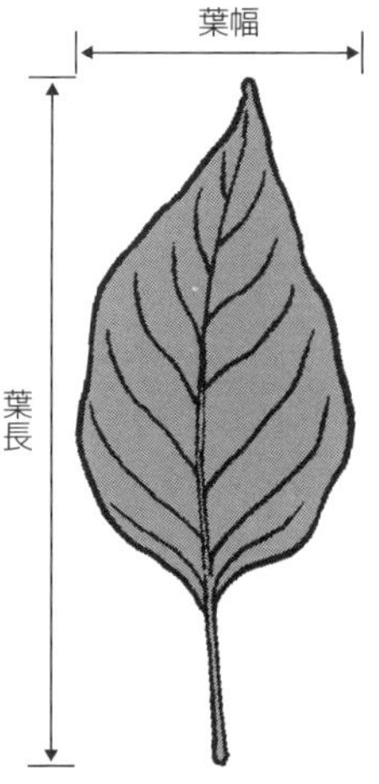

ピーマン、ナスの場合

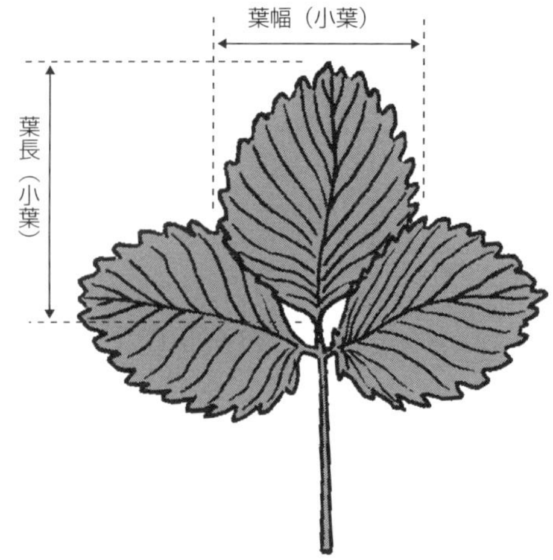

イチゴの場合

苗つくりの基本

苗つくりの基本 1 苗をつくる前に

1 苗をつくる前に なぜ苗をつくるのか

果菜を栽培する場合、ちょっと見には、わざわざ苗などつくらず、畑に直接タネをまいて育てればいいように思える。しかし、苗はつくらなければならない理由がちゃんとある（図 1-1）。

●収穫時期を早めることができる

寒さに弱い果菜を露地で栽培する場合、暖かくなって畑に直接タネをまくよりも、暖かい季節がくるまで保温や加温のできる苗床で育てておけば、それだけ収穫開始を早めることができる。

●生育をそろえられる

タネは全部が発芽するとはかぎらない。また、発芽した苗のすべてが健全に育つとはかぎらない。苗つくりをすると、定植までに生育不良株は除くことができ、生育のそろった苗を利用して栽培することができる。

●接ぎ木することができる

果菜には接ぎ木を必要とするものがある。接ぎ木すると、切り口がくっつくまでは光線を弱めたり、空気中の湿気を高めるなど、こまめな世話が必要だ。

そういう世話は、苗を小面積にまとめないとできないので、接ぎ木する果菜は必然的に苗をつくることになる。

●花芽分化をさせやすい

自然条件より早く花芽をつくり、早くから収穫したい場合がある。その代表格はイチゴの促成栽培である。イチゴに花芽をつけさせるには、体内の窒素分を下げたり、寒さにあわせる必要がある。畑に植えたままだとできないが、ポットに植えた苗であれば、花芽をつけさせたい時期に肥料を切ることができるし、冷蔵施設にも持ち込むことができる。

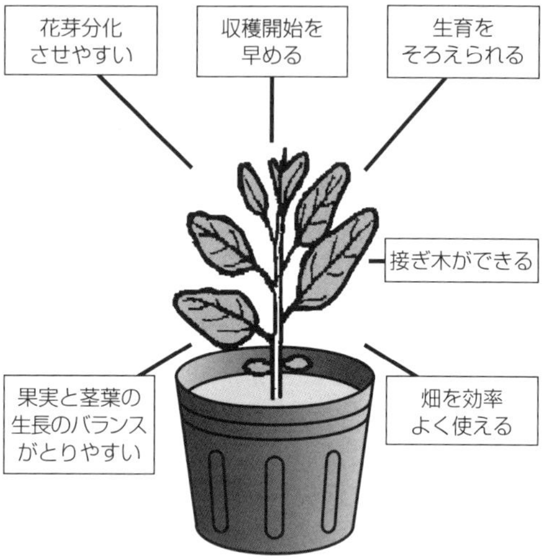

図 1-1　なぜ苗をつくるのか

●果実と茎葉の生長のバランスがとりやすい

果菜の栽培では、葉や茎の生長と、果実の生長がつり合いバランスよく育てることが、安定多収のポイントになる。畑に直接タネをまくと、強い根が早くから土の中深くはいり込み、葉や茎の生長が強くなりすぎ、花や果実の生長が悪くなりやすい。これに対し、苗をつくると、初期の強い根の伸長が容器ではばまれるので、葉や茎の暴走的な生長がおさえられ、果実の生長とのバランスをとりやすい。また、細根が増えて養水分がしっかり利用されるので、充実したよい草姿にもっていきやすい（図 1-2）。

●畑を効率よく使える

畑に直接タネをまくとタネまきから畑でまるまるすごすが、苗をつくるとある程度大きくなるまで別の場所ですごすので、それだけ畑を使う期間が短くなる。しかも、タネを直接まくより短期間で収穫が始まる。それだけ、キュウリやトマトなどでは収穫期間を長くすることができるし、メロンやスイカなど 1 回で収穫が終わる野菜では、作付け回数（収穫回数）を増やすこともできる。

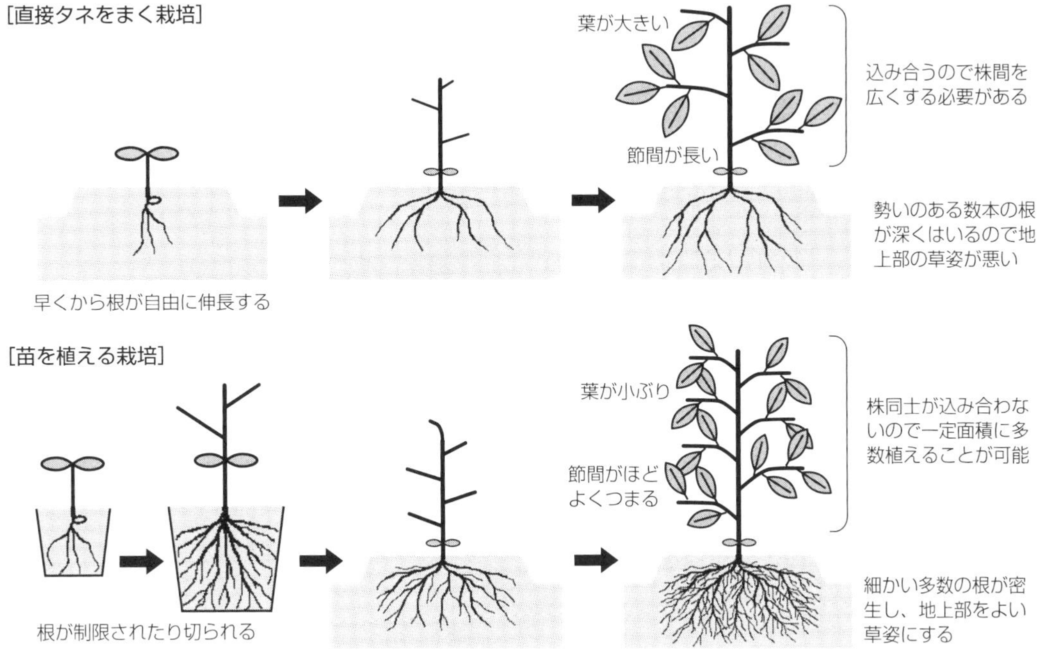

図 1-2　苗を植えることでよい草姿で栽培できる

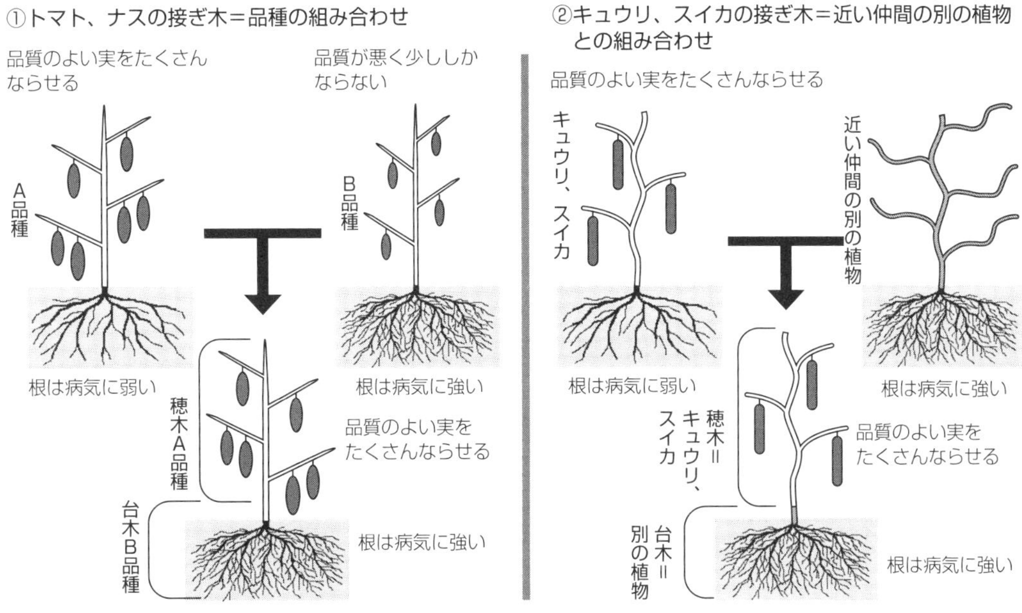

図 1-3　接ぎ木苗を植えることで病気にかからないで栽培できる

2 苗をつくる前に
苗の種類と苗つくりのいろいろ

●接ぎ木苗と自根苗

　接ぎ木するのは、トマト、キュウリ、ナス、スイカなど。自分の根では土の中で病気におかされやすいので、それを防ぐため病気に強いほかの品種や近い仲間の植物（近縁種）に接いで栽培する（図 1-3）。

　また、株をタフにして収量を増やすねらいもある。キュウリでは、これらに加え果実をピカピカにする目的もある。なお、トマトと

図 1-4　セル苗（トマト）

図 1-5　ポット苗（トマト）

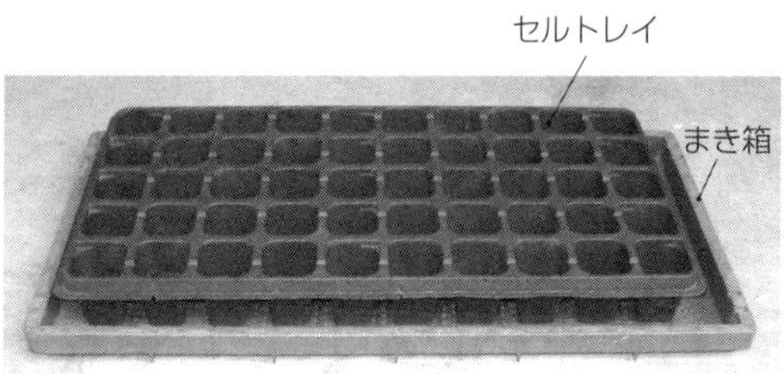

図 1-6　水稲用育苗箱に入れた 50 セル（穴）セルトレイ
セルトレイは多穴の育苗箱に入れて使う

図 1-7　水稲用育苗箱
タネをまいたり、セルトレイを入れる。3～4㎜の穴が約 2100 あいている

図 1-8　ポット
左から９㎝、10.5㎝、12㎝

ナスは同じ種類のほかの品種に接ぐが、キュウリとスイカは近縁種に接ぐ。

ピーマン（パプリカ）、メロン、カボチャ、ニガウリ、シロウリ、カンピョウ、ズッキーニ、トウガン、ヘチマ、イチゴなどは接ぎ木しない。このうちシロウリは、専業的経営では接ぎ木して、収穫量アップをはかることが多い。またメロンは病気におかされやすいが、接ぎ木すると果実の味が落ちるので、土壌消毒をしっかりやって自根で栽培されている。

●セル苗とポット苗

苗を育てるセル（穴）が並んでいるプラスチックのトレイ(セルトレイ)でつくる「セル苗」（図 1-4）と、ポリポット(鉢）でつくる「ポット苗（鉢苗）」（図 1-5）とがある。

①セル苗

セルトレイは、セルの数（穴数）が 15 から 200 くらいまで多くのタイプがあるが、どのタイプもトレイの大きさは一緒である。したがって、セル数の多いものほどひとつのセルの容量は小さい。果菜でよく使うのは、比較的容量の大きいタイプで、50 セル（穴）(1 セル容量が約 80cc）や 72 セル（穴）(同約 55cc）である（図 1-6、7)。

セル苗はそのまま畑に植える場合と、ポットに移植してさらに育苗してから植える場合とがある。一つのセルのスペースは、ポットのように広くないので、根が多量についた苗を移植することはできない。タネをまくか、断根した接ぎ木苗を挿すかのどちらかでスタートするのが普通である。ただし、ナスとトマトでは、根の少ない幼苗の時に、台木をまき箱からセルに移植することがある。

②ポット苗

ポットは「鉢」と言いかえて使われることが多く、12 ㎝ポットを 12 ㎝鉢といったり、苗をポットに植えることを「鉢上げ」といったりする。いろいろな大きさがあるが、果菜でよく使われるのは、上部の径が 9 ㎝、10.5 ㎝、12 ㎝のポットである（図 1-8)。

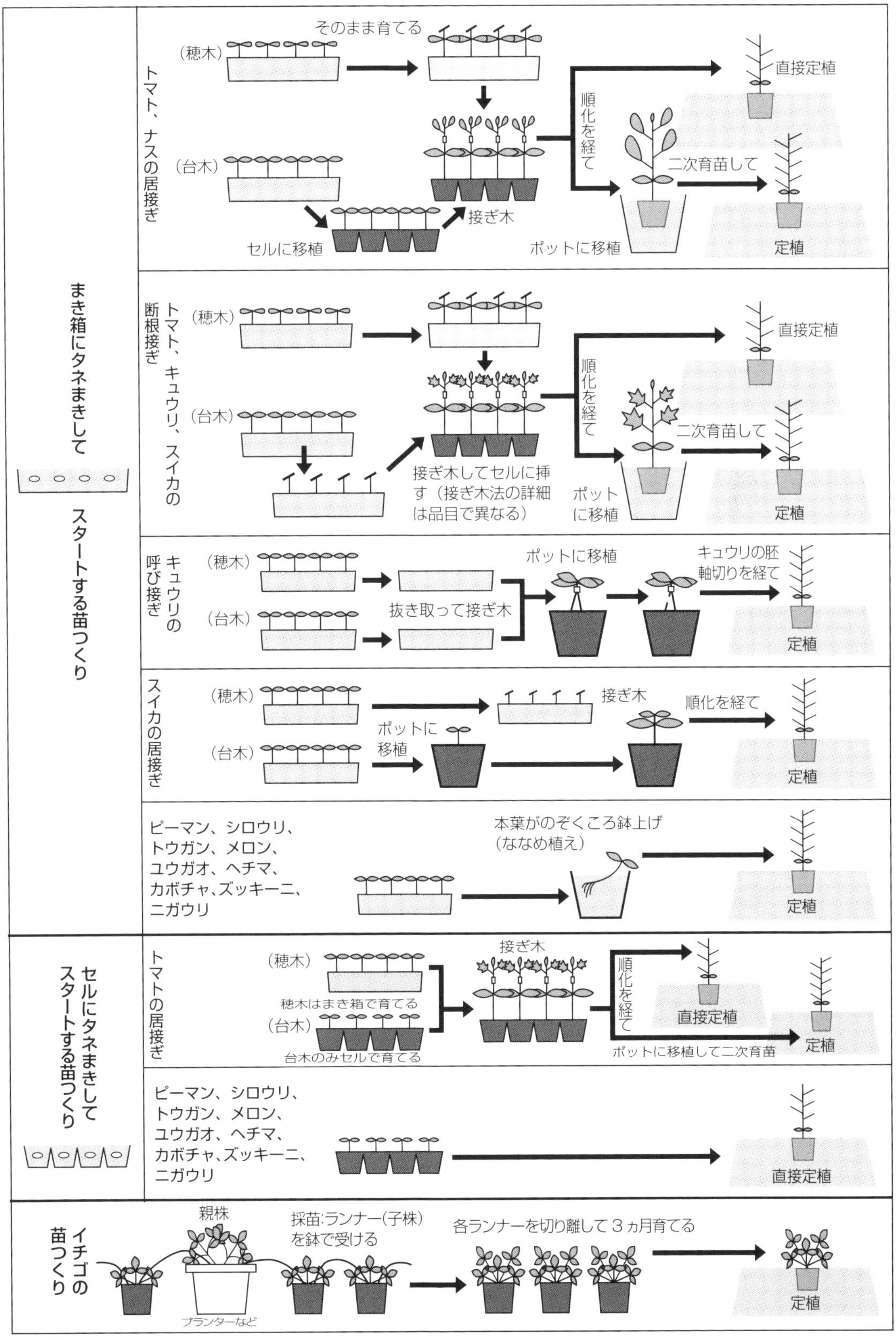

図 1-9　本書で紹介する果菜と苗つくり

トマト、ナス、ピーマンは「ナス類（ナス科）」で、他は全部（イチゴ以外）はウリ類（ウリ科）である。なお、イチゴはバラ科。

図 1-10　苗つくりのいろいろ

1- 最初から最後まで自分で苗を育てる場合
＊栄養繁殖のイチゴはポットに準ずる / ②③

育苗容器	自根か接ぎ木か	定植までの流れ
①セル	自根と接ぎ木	そのまま定植（接ぎ木の場合は接ぎ木を経て、取り出し適期に定植）
②セル→ポット	接ぎ木	ポットに移植し、大きくして定植
③ポット	自根と接ぎ木	そのまま定植（接ぎ木の場合は接ぎ木を経て）

2- 購入苗を育てる場合
＊栄養繁殖のイチゴはポットに準ずる / ⑥

購入時の姿	定植までの流れ
自根または接ぎ木のセル苗　④	しばらく面倒見て、そのまま定植（ちょっと面倒を見て、取り出し適期に定植）
⑤	ポットに移植し、大きくして定植（取り出し適期、移植）
⑥自根または接ぎ木のポット苗	しばらく面倒見て、そのまま定植（ちょっと面倒を見て）
⑦接ぎ木したばかりの根なし苗（断根接ぎ木苗）	セルに挿して活着させ、ポットに移植し、大きくして定植（挿す→順化を経て→取り出し適期→移植）

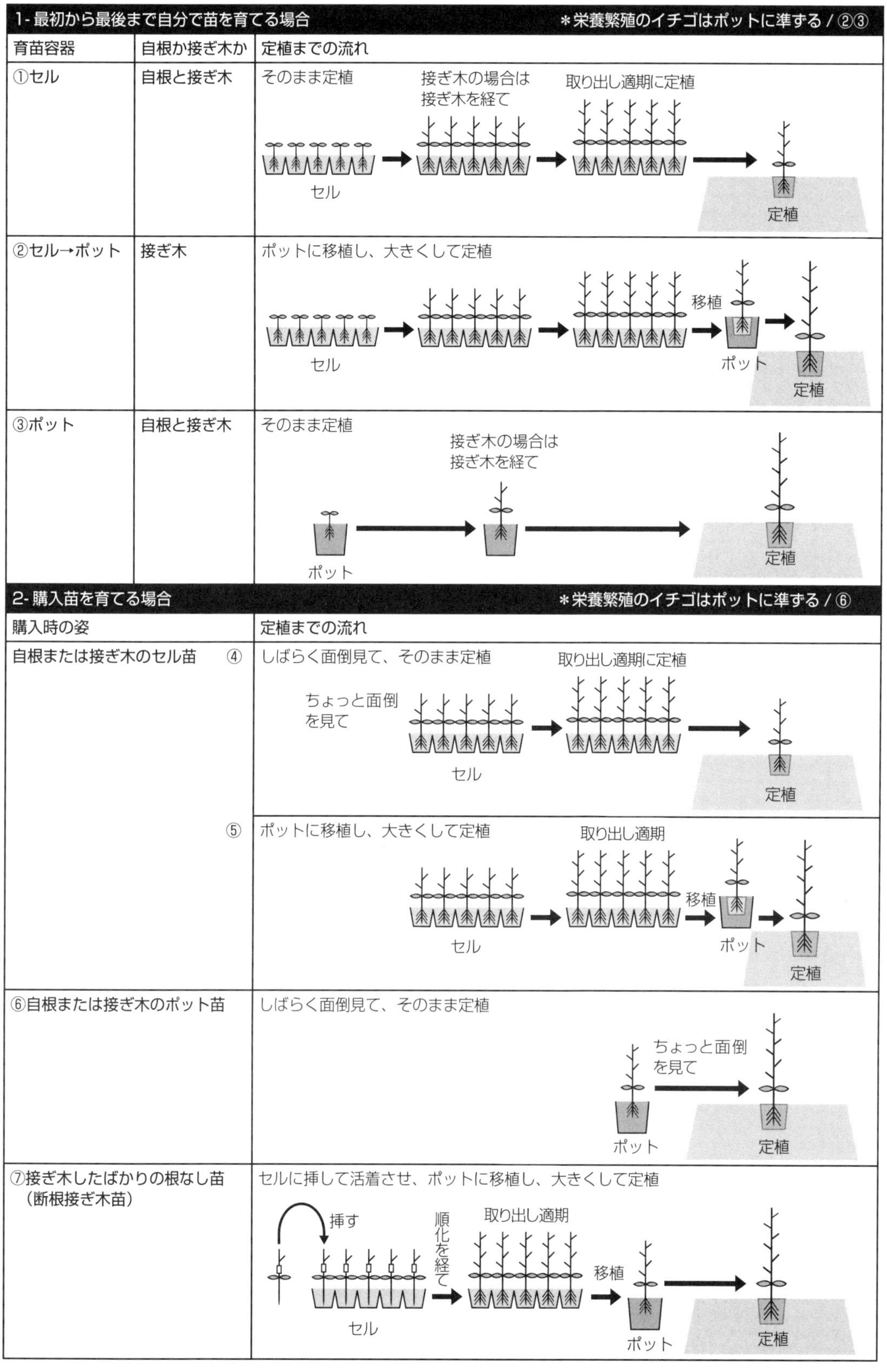

表 1-1　セル苗は低コスト（ポット苗 1 に対する割合）

苗つくりスペース	用土の量	労働時間			
		苗つくりの管理	植え穴掘り	苗の運搬	定植作業
1/6	1/9	1/3	1/16	1/9	1/5

ポットはセルとちがいスペースが広く、まき箱から比較的大きな根付き苗を移植（鉢上げ）することができるし、根鉢のできたセル苗を移植することもできる。

●果菜類と苗つくりのいろいろ

苗つくりは、果菜の種類や目的によって、接ぎ木をするものしないもの、またセル苗とポット苗、あるいは両者を組み合わせるなどの方法で行なわれている。本書であつかう果菜と苗つくりの全行程を示したのが（11ページ図 1-9）である

なお、トマト、ナス、ピーマンはナス科、イチゴはバラ科、それ以外はウリ科（本書ではウリ類と呼ぶ）である。

3　苗をつくる前に
苗つくりでの選択

●苗つくりを全部自分でするか一部ですますか

苗つくりは、タネまきから植える大きさに育つまで、つまり最初から最後までの全行程を自分でやる方法と、一定の大きさの苗を購入して育てる方法の二つがある。さらに、この二つの方法がいくつかのパターンに分かれる（図 1-10）。

最初から最後まで自分でやる方法は、自分が希望する定植時の姿がセル苗ならスタート時からセルで、ポット苗ならポットで行なうのがふつうである。

しかし、接ぎ木後の一定期間しっかりした管理が必要な接ぎ木法をとり、しかもポット苗がほしいという場合には、事情がちがってくる。そういう接ぎ木法の場合は、苗をできるだけ狭い範囲に置かないと、遮光資材などのコストが上がるし、目配りも充分できない。そういうときは、狭い範囲に置けるセルからスタートし、フォロー期間を過ぎてポットに移植することになる。いずれにせよ、最初から最後まで自分でやる方法は、技術を体系的に錬磨できるうえ、苗の性質も知りつくしているため、定植後の管理がやりやすいといという利点がある。

一方、購入苗を育てるには、苗つくりの初期に加温を必要とするが、自分のところに加温施設が整っていない場合や、接ぎ木など技術的にいまだ未熟な部分がある場合に、自分が引き取っても大丈夫な時期や状態になった苗を入手することである。

●定植苗はセルかポットか

セル苗をそのまま畑に植えるやり方は、ポット苗に比べ著しく低コストである。表 1-1 は、ポット苗のコストを 1 として、セル苗ではその何分の 1 ですむかを示したものである。コストだけからみると、ポット苗はいかにも不利であり、セル苗をそのまま植えればいいように思える。しかし、そうはいかない事情がある。

以下に、セル苗の長所と短所を示すが、ポット苗はその逆にセル苗の長所が短所、短所が長所になる（次ページ図 1-11）。セル苗とポット苗には一長一短があるので、最も自分に合ったたのしいやり方を選んでほしい。

〈セル苗の長所〉

①苗つくりのスペースが少なくてすむ

②用土が少なくてすむ

③育苗期間が少なくてすむ（幼苗定植）

トマトの場合でみると、セル苗は 9 ㎝ポットにくらべ 10 日、12 ㎝ポットにくらべ 17 日早い。セル苗はそれだけ早く、育苗労力から解放される。

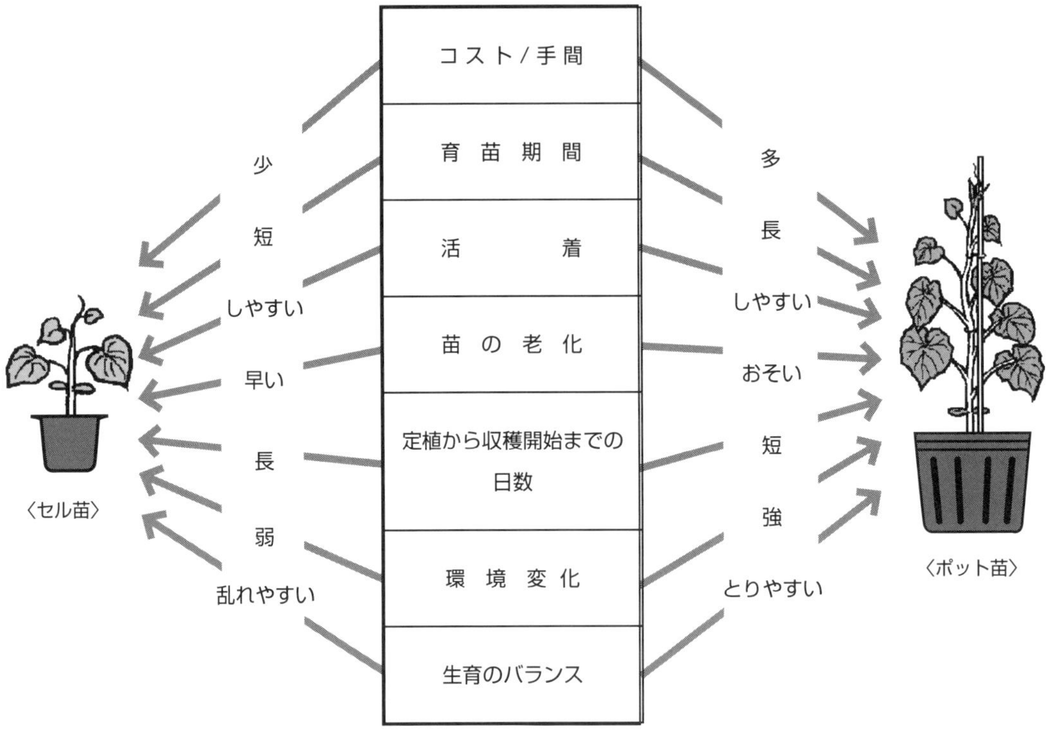

図 1-11　ポット苗とセル苗の長所・短所は裏腹の関係

④若苗なので活着しやすく、定植後の生育が旺盛

〈セル苗の短所〉

①老化が早く苗で置いておける日数が短い

老化の主因は根づまりだから、容器が小さいほど早く根づまりし、老化が早い。育苗容器が小さいほど、苗を「置いておける日数」が短い。トマトの例でみると、セル苗は35日、9㎝ポット苗は45日、12㎝ポット苗は52日である。

②定植してから収穫初めまで日数がかかる

ポットと同じにするにはポット苗より早く定植すればいいが、前作の収穫を早めに切り上げ、収量を犠牲にしなければならない。収穫期間を伸ばそうとしても後作に影響するし、晩霜などで早く植えられない場合もある。

③晩霜害など環境変化に弱い

④茎葉の生育が強くなりやすく、果実の発育とのバランスがとりにくい

苗つくりの基本 2 苗つくりの共通技術

1 苗つくりの共通技術 苗床の準備

●苗床用のハウス

ハウスはパイプハウスが主流である。ハウスの大きさとしては、本格的なものは間口が4.5 mや5.4 mで、広さも100 ㎡単位である。しかし、昨今の園芸愛好家の広がりで、1坪以下のものから数坪の小型ハウスが販売されているので、小規模の苗つくりもしやすくなっている（図2-1）。

●苗床の構造と幅

地面に板で枠を設け、専用シートを敷いて苗を置く「地床式」と、セメントブロックなどの上にネット状の金属板をならべて、その上に苗を置く「あげ床式」がある（図2-2、次ページ図2-3、4）。

床幅を決めるには次の二つのことを考える必要がある。

①両側あるいは片側からの作業性

②冬季や接ぎ木時にトンネルをかぶせる場合の気密性や被覆資材の規格

苗を、片側の通路からしゃがんだ姿勢で管理する場合、床幅を70 cmにとどめないと作業がつらい。両側の通路から管理する場合は、140 cm幅までいいことになるが、室内トンネルをかけるときに、180 cmか200 cm規格のポリやビニールを使うことを考えて、100

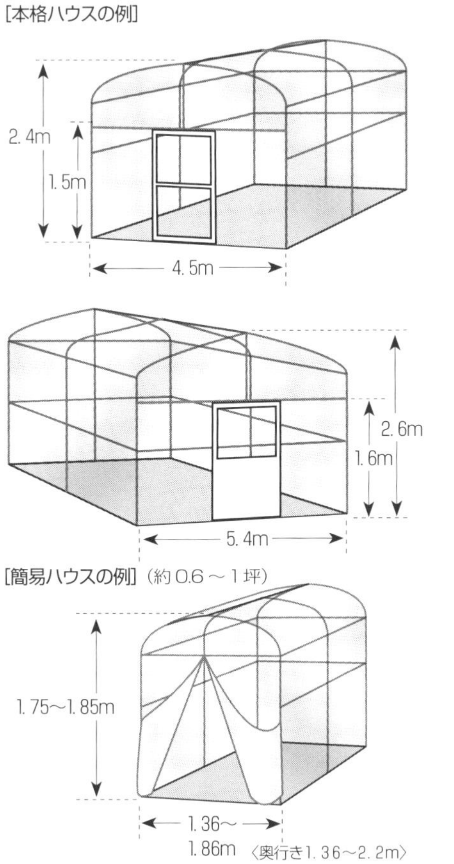

図2-1　苗つくりのハウス

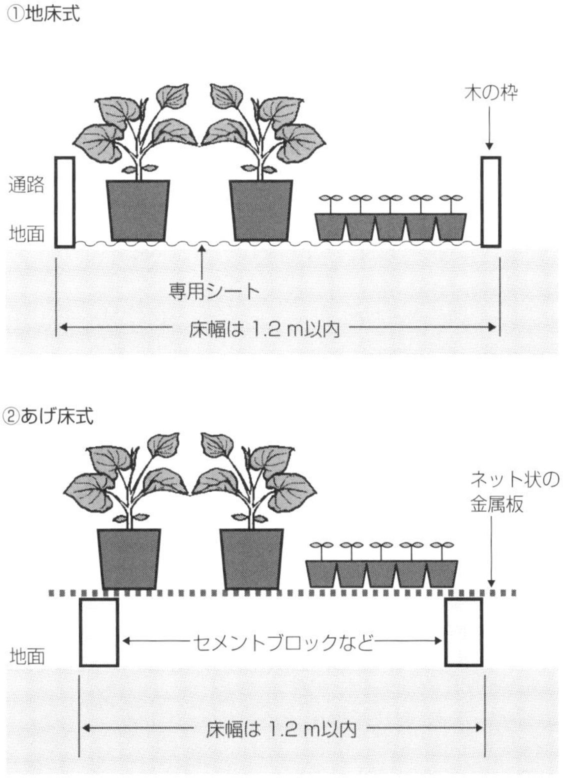

図2-2　苗床のつくり方

図 2-3　地面に専用シートを敷き枠をつけた苗床

図 2-4　ネット状の金属板を置いた苗床

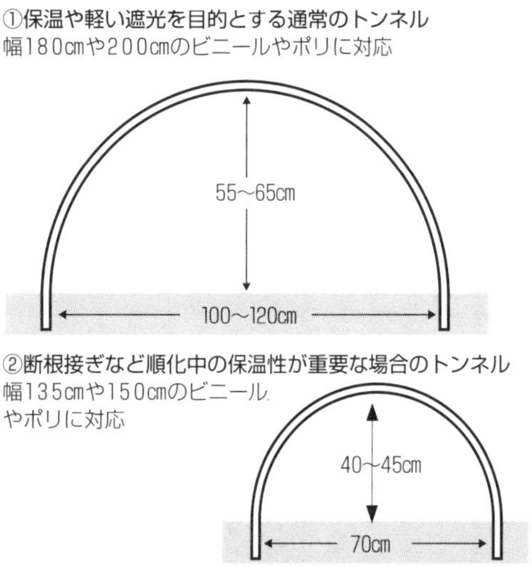

図 2-5　室内トンネルの大きさ

図 2-6　トンネルの設置
（あげ床式、図 2-5 の②の大きさ）

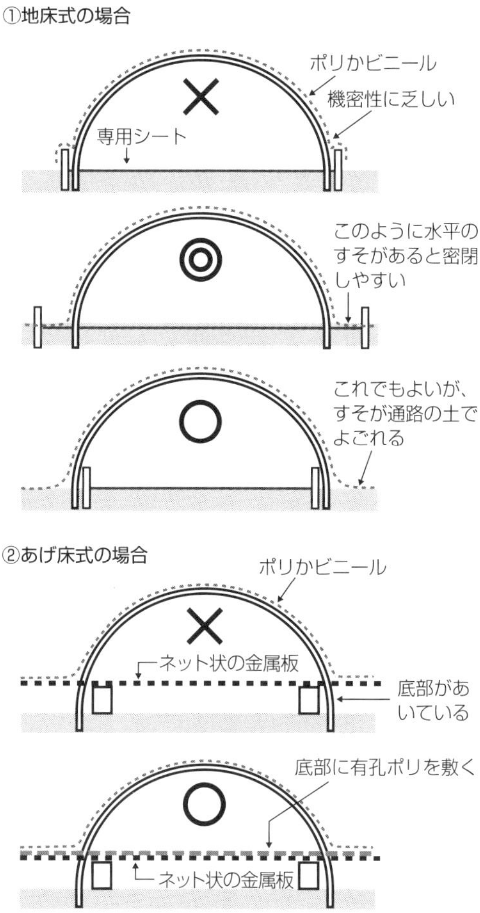

図 2-7　トンネルのポリやビニールのすそのあつかい

～ 120 cmにすることをすすめたい（図 2-5）。

断根接ぎなど接ぎ木後の順化の過程で、トンネル内を高湿度に保つ必要がある場合は、小さいトンネルのほうが気密性を保ちやすいので 70 cm床幅をすすめたい。この場合に使うポリやビニールの規格は 135 cmか 150 cmである（図 2-5、6）

ただし、腰より高い位置のベンチに苗を置き、人は立って管理する場合は 150 cmくらいの幅があっても作業は苦にならない。

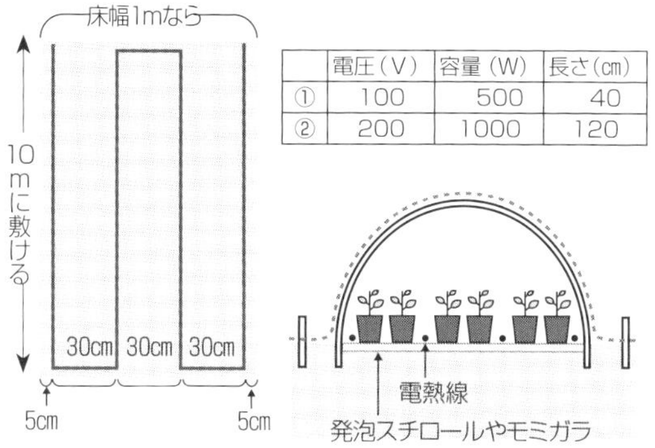

	電圧（V）	容量（W）	長さ（cm）
①	100	500	40
②	200	1000	120

図 2-8　農業用電熱線の例

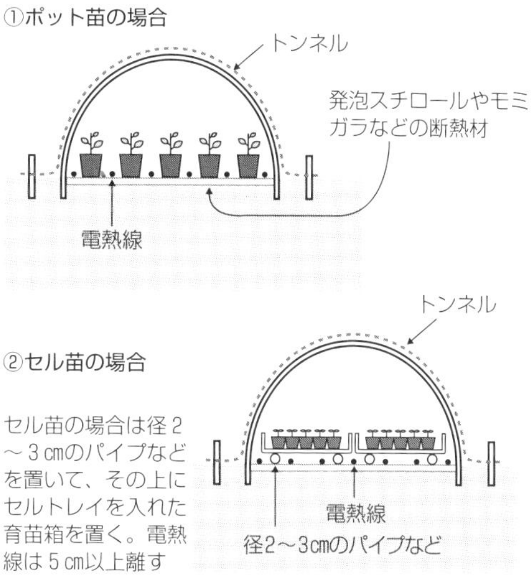

図 2-9　ハウス内トンネルの農業用電熱線の張り方と苗の置き方の例

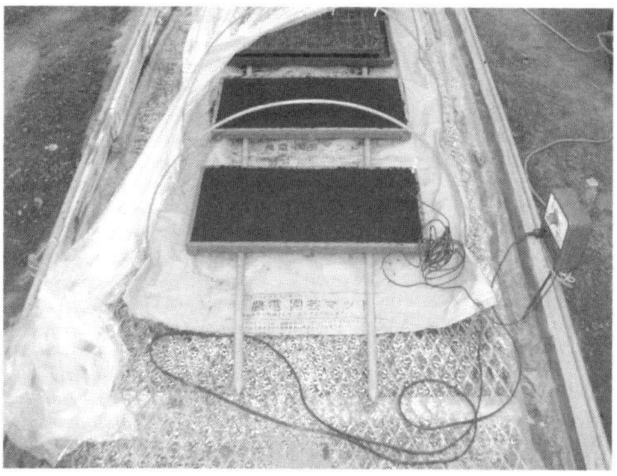

図 2-10　敷くだけで使える保温マット（サーモスタットとセットになっている）
まき箱やセルトレイの底が直接触れないよう棒を敷く

●室内トンネルのかけ方

室内トンネルは、冬季の保温と接ぎ木後の順化がおもな目的である。骨材には割り竹やプラスチックが使われる。

トンネルは気密性が大切である。そのためには、かぶせたポリやビニールのすそが、いくらか床面に水平についている状態がよい。水平部分のビニールの内側の水滴が床面との密着を助けるのである（図 2-7）。

あげ床式にトンネルをかける場合は、床面にも有孔ポリを敷いて気密性を保つ（図 2-6、7）。有孔でないと水かけしたときの排水ができない。有孔ポリの穴は水かけなどの大量の水は通すが、そうでないときはトンネル内側の露滴で穴がふさがれているので気密性に問題はない。

なお、小型ハウスでは、さらにひと回り小さいトンネルを準備するとよい。

●農業用電熱線の張り方

寒い時期には加温して苗つくりをするが、農業用電熱線の利用が便利である。加温する空間は小さくしたほうが電力消費量が少なくてすむので、ハウス内のトンネル内を加温することが原則である。

トンネル内の底には発泡スチロールやモミガラなどを敷いて、熱が地下に逃げるのを防ぐ。1㎡当たり、暖地では50W、寒地では100Wになるよう配線すれば、高温作物の苗つくりを冬季に行なえる（図 2-8）。

図 2-9 のように張るが、セル苗とポット苗の両方をつくるときは、ポット苗に合わせた配線にする。セル苗だけをつくる場合も、線の間が5cm以上離したほうが安全である。

敷くだけで使える、電熱線を仕込んだ保温マットも市販されているので、これを利用してもよい（図 2-10）。

●サーモスタット―発芽後はセンサーを地上に

トンネル内にサーモスタットを取り付け、「野菜別 苗つくりの実際」のコーナーで述べる適温を設定する。この場合、センサー部をまき箱やポットの用土内にいつも差し込んでいる事例を見かけるが、正しいやり方ではない。茎葉と根では適温が異なる。ただし、発

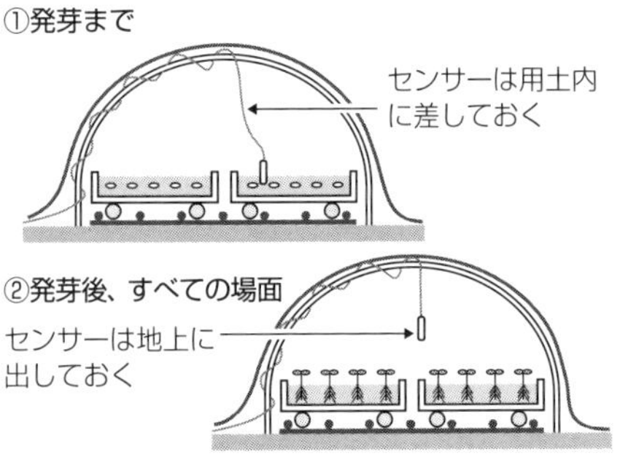

図 2-11　トンネル内のサーモスタットのセンサーの位置

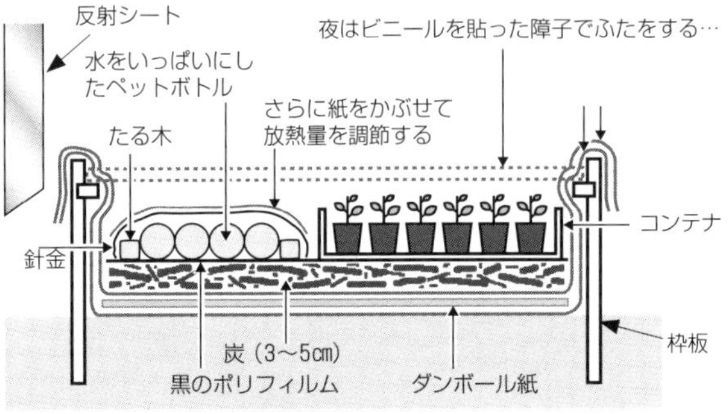

図 2-12　ペットボトル利用の簡易温床

芽適温は共通なので、発芽するまではセンサーを用土中に置くのは正しい。

そして、発芽後は茎葉の生育適温に合わせる。茎葉は地上に出ているのだから、センサーも地上に出す（図 2-11）。茎葉の適温で管理すれば、おのずと用土内は根の伸長適温の幅に納まる。逆ではうまくいかない。

●ペットボトル利用の簡易苗床

春先など、電熱などの積極的な加温は必要ないが、寒のもどりがちょっと心配という季節の苗つくりでは、ハウスのトンネル内に水を入れたペットボトルを置くことで、寒をしのぐことができる。図 2-12 で紹介したのは愛知県の水口文夫さんが考案した方法で、昼間に太陽熱であたためた水の放熱で、夜間のトンネル内を保温するのである。

1500cc のペットボトルを使うと 1 本当たり 90kcal 畜熱可能だという。たとえば外気温より 15℃高く保つとすると 1 m^{3}当たり 1 日 1200kcal 必要であるが、ペットボトルからの放熱量は 67.5（水 1 cc を 1℃上げる熱量は 1kcal。ペットボトルも外気温差 15℃に保つので 22.5kcal マイナスになる）kcal になるので、18 本で確保できることになる。

●夜間はもう一重かぶせる

夜間はトンネルのビニールやポリの上に、シルバーポリや不織布などをかぶせると、保温性が増し節電になる。

●夏の高温対策

夏の育苗では、高温になりすぎるので、ハ

【醸熱温床】

今はもうすっかり姿を消したが、かつて苗床の熱源には醸熱が利用された。醸熱の原理は、微生物が窒素と水と酸素を栄養源にして、稲ワラ、落ち葉、紡績クズなどの炭水化物を分解するときの発熱（発酵熱）を利用するものである。窒素源には人糞や米ぬかや石灰窒素が使われた。炭水化物と窒素源と水を混合して苗床の底に踏み込むのであるが、その混合割合や踏み込みの固さ（酸素の供給に関係）などにより、熱の高低や発熱の持続日数などに差があり、けっこう深みのある技術であった。

「踏み込み」の標準量（3.3 m^{2}当たり 1 層分の量 / 山形農試）

例	窒素材料	炭素材料	水
1	石灰チッソ 1.1 kg 米ぬか 3.6 リットル 硫安 0.8 kg	ワラ 26.3 kg	50 リットル
2	米ぬか 5.5 リットル	ワラ 26.3 kg	70 リットル
3	畜舎敷きワラ 93.8 kg	ワラ 26.3 kg または落ち葉 37.5 kg	20 リットル
4	下肥 43.2 リットル 過石 4.6 kg	落ち葉 37.5 kg	27 リットル
5	乾燥鶏糞 1.3 kg 米ぬか 3.6 リットル	落ち葉 37.5 kg	82 リットル

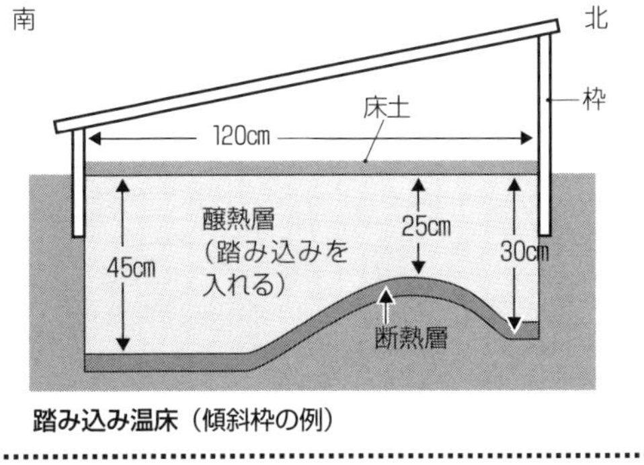

踏み込み温床（傾斜枠の例）

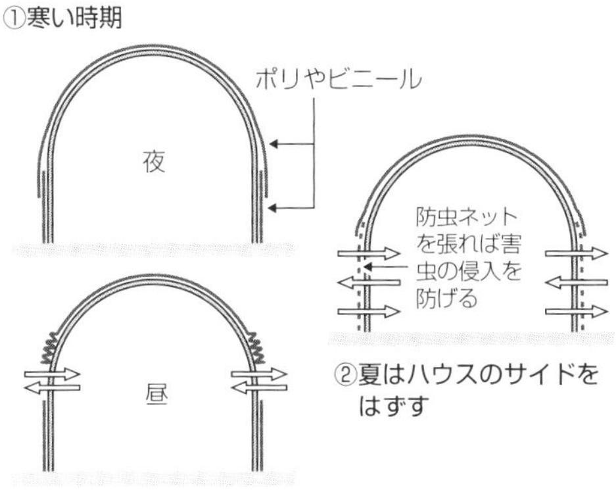

図 2-13　寒い時期と夏のハウスの換気

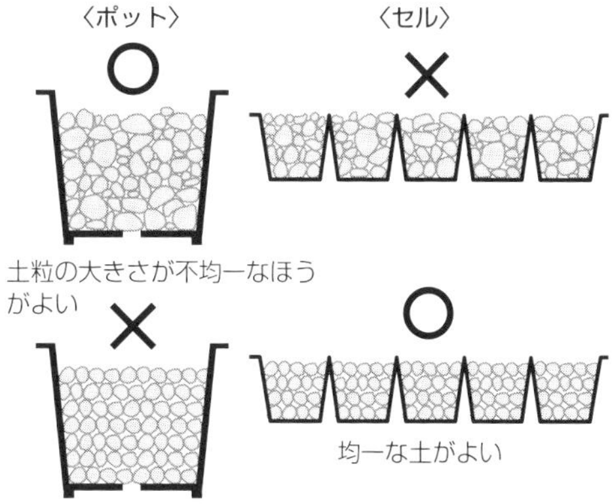

図 2-14　用土のよしあしはポットとセルでちがう

ウスの被覆は天井だけにしてサイドはとりはずす。つまり、雨よけハウスの形にする。できればサイドに防虫ネットを張ると省農薬にひと役買う（図 2-13）。

なお、天井に遮光ネットをかぶせるとハウス内の温度が下がり、作業者にとっても快適な環境をもたらすが、接ぎ木後の順化以外の時期には遮光しない。弱々しい苗になるうえ、はぐるとしおれる。いったん、弱い光に適応してしまった苗は、どうしようもない。

2 苗つくりの共通技術 用土の準備

●自家製か購入か

近年、苗つくりに使う土は購入することが多くなってきた。苗つくりで使うあらゆる場面の土が販売されている。もちろん、自家製も可能である。ただし、セル苗の土は、フワフワして断根接ぎ木苗を挿しやすい物理性とともに、均一性が強く求められるので、こればかりは必ず専用の用土を購入することをすすめたい。

タネまき用土も、できれば専用のものの購入をすすめたいが、自家製用土を調整して使うことも可能である。

自家製の用土が最も特性を発揮するのはポット用である。ポット用は、土粒の大きさが不均一なほうがよい苗ができるので、粒の均一な販売品よりもすぐれる（図 2-14）。

●自家製用土のつくり方

用土をつくるときに心がけなければならないのは、肥料を混ぜすぎないようにすることである。用土中の肥料は使用が始まったら急速に流亡するが、過剰に含まれていると、初期の段階で苗の根いたみを起こす。肥料は、苗つくりの途中に液肥でいくらでも補給できるので、安全第一に徹する。

表 2-1 に標準的な資材の混合割合を示した。堆肥は、ある程度熟成のすすんだものを使うようにし、未熟なものは避ける。未熟な有機物は分解のために用土中の窒素を奪うため、苗が肥料切れを起こしかねない。

表 2-1　用土の材料と作り方の手順

<table>
<tr><th rowspan="2">資材名</th><th rowspan="2">量</th><th colspan="5">7月上旬から太陽熱消毒をする場合の経過</th></tr>
<tr><th>5月上旬</th><th>5月下旬</th><th>6月中旬</th><th>7月上旬</th><th>7月中・下旬</th></tr>
<tr><td>原土（山土、火山灰土や灰色低地土など）</td><td>1 m³（約 1 t）</td><td rowspan="5">混ぜる</td><td rowspan="5">切り返して空気を供給して熟成をすすめる</td><td rowspan="5">切り返し</td><td rowspan="5">「熟成完了」戸外に20cmの厚さに積んで太陽熱消毒</td><td rowspan="5">「消毒完了」そのまま使用または袋などにつめて収納</td></tr>
<tr><td>堆肥</td><td>300 kg</td></tr>
<tr><td>苦土石灰</td><td>2 kg</td></tr>
<tr><td>過リン酸石灰</td><td>0.7 kg</td></tr>
<tr><td>有機化成オール 8（8-8-8）などの三要素肥料</td><td>0.7 kg</td></tr>
</table>

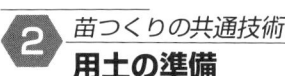

材料
原土１㎥（約１ｔ）、堆肥 300 ㎏は比重が小さいので原土と同じくらいの容積になる

途中で２回切り返す

熟成完了した用土

図 2-15　自家製用土のつくり方

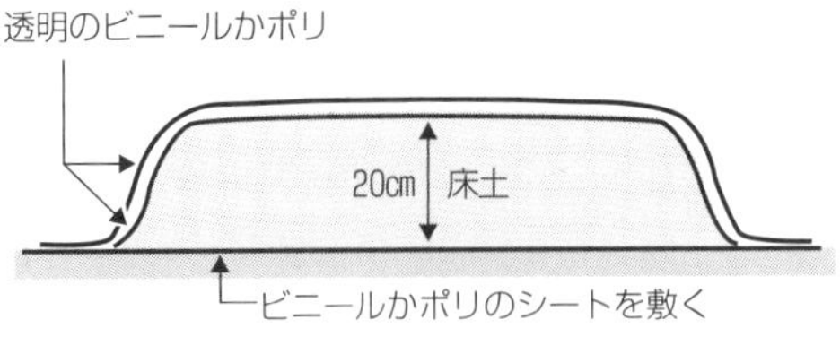

図 2-16　太陽熱消毒のやり方

熟成のすすんだ堆肥でも、混ぜてすぐ使うと土と堆肥がなじんでいないため、灌水したときに土だけが崩壊したり凝集したりすることが多い。このため、混ぜて２ヵ月くらいは積んでおくが、ときどき切り返して空気を補給する。そうしないと、上のほうの堆肥の熟成だけがすすみ、下のほうと質のちがいが生じる。

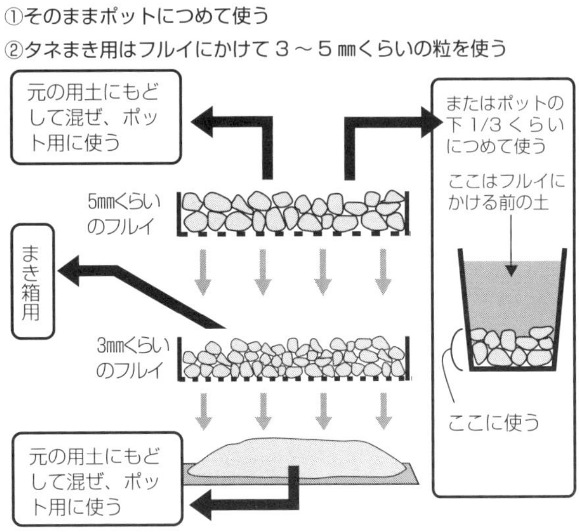

図 2-17　自家製用土の使い方

仕上がった用土は、雨に当てないよう屋内に置くか、戸外ではビニールなどをかぶせておく。

●自家製用土の消毒

仕上がった用土は消毒して使用するが、太陽熱消毒をすすめたい（図 2-16）。太陽熱消毒をするには、用土を夏までに仕上げておく必要がある。

消毒には、土の温度が 45℃くらいになる日が通算 10 日くらいは必要である。そうすれば土壌病害虫だけでなく硬実種子の雑草も退治できる。表 2-1（前ページ）に示した工程は、７月上旬から消毒する場合を想定したものである。

なお、消毒後に用土をポットやまき箱につめるとき、消毒していない土の上に広げて作業する光景を目にすることがあるが、これは厳に避けなければならない。せっかく消毒したのだから、消毒した場所でつめるか、移動させるときはビニールなどの敷物の上に広げることが必要である。

●自家製用土をまき箱に使うとき

まき箱に自家製の用土を使う場合は、フルイ（篩）を使って粒をそろえる必要がある。まき箱では微細な土が混じっていると湿害の心配があるし、そろって発芽させるには大粒が混じるのもこまる。

図2-17のように土粒の径を3～5㎜にそろえて使う。フルイ分けされた小粒と大粒は混ぜもどしてポット用として使うが、大粒はポットの底部につめる使い方もある。ポットの中で最も多湿になるのは底部なので、そこの通気をはかるのである。

3 苗つくりの共通技術
タネまき

セルにまく場合とまき箱にまく場合がある。まき箱は、以前はトロ箱が使われたが、今は水稲の育苗箱がほとんどである（図2-18）。

セルにまいた苗は、根鉢ができて取り出すことが可能になる時期まで、動かされることはない。一方、まき箱にまいた苗は、発芽後にポットに植え替え（鉢上げ）たり、接ぎ木時に断根された状態、あるいは根付きでセルかポットに移植される（これも鉢上げという/11ページ図1-9参照）。

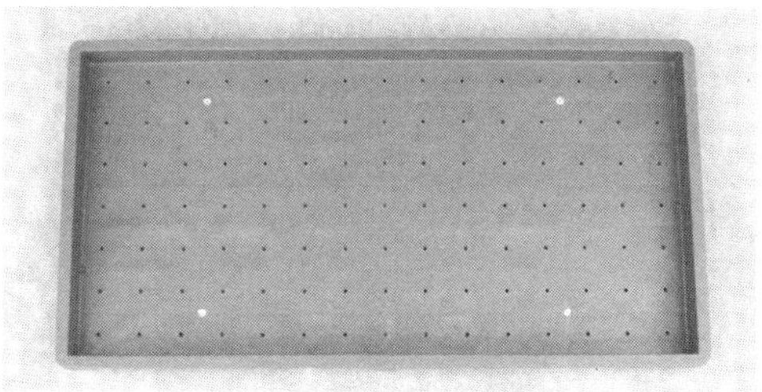

図2-18　まき箱（水稲の育苗箱を利用）

●まき箱にまいて鉢上げする理由

さて、自根苗でもなぜポットに直接タネまきしないのであろうか。いくつか理由があるが、最も大きいのは、直接ポットにまくよりも鉢上げしたほうがよい苗になるためだ。なぜなのかは自根苗のつくり方の項で述べる（40ページ参照）。

なお、鉢上げはあってもセル上げが一般的でないのは、狭い容器への移植は作業が困難

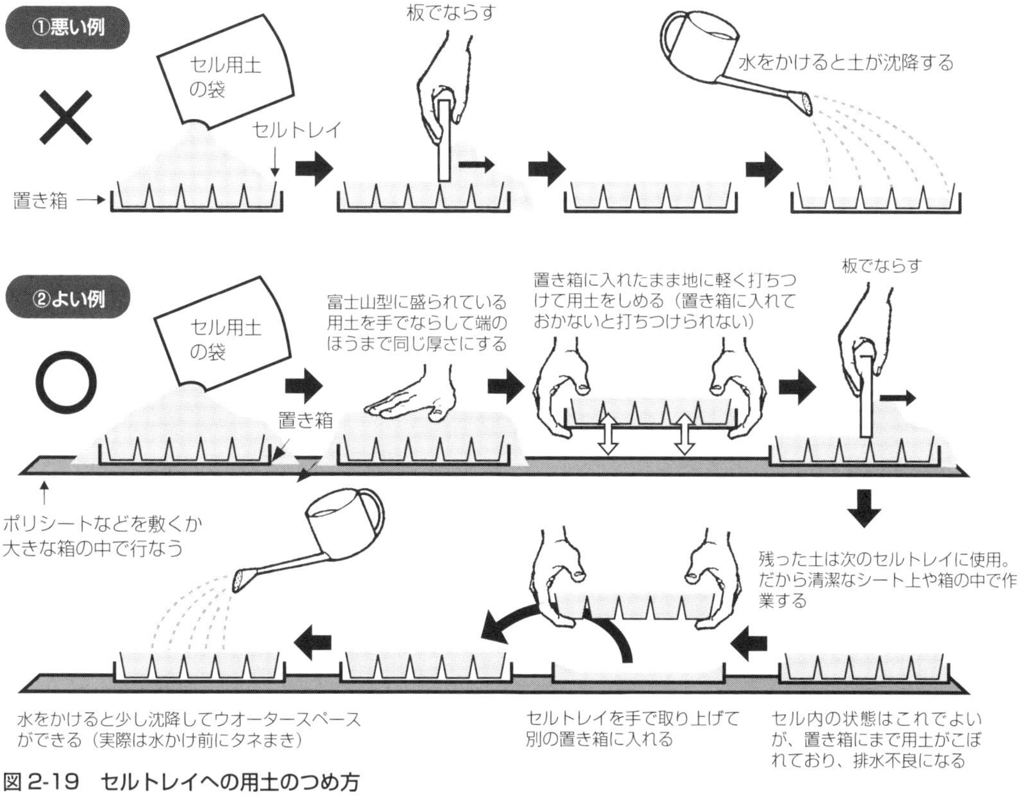

図2-19　セルトレイへの用土のつめ方

タネをセルに置いていく

タネを指で押し込む

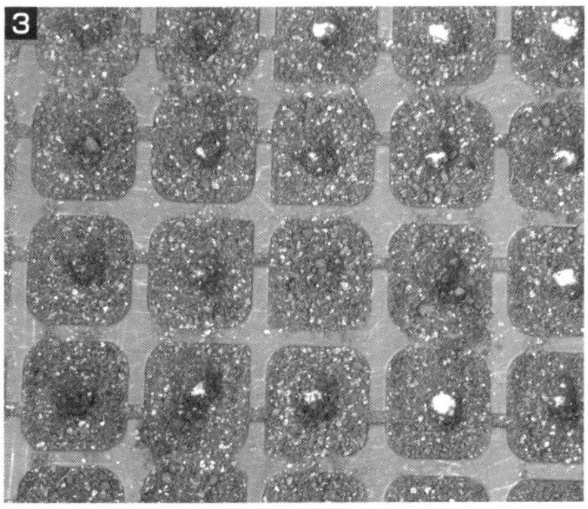

全セルにタネを押し込んだ状態

表面全体をなでてタネをかくす。平らにすればOK

図 2-20　セルトレイへのタネまき

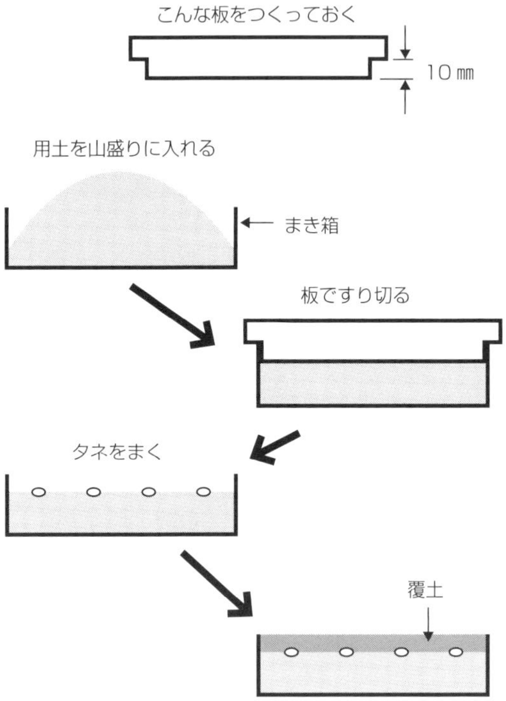

図 2-21　まき箱への用土のつめ方と覆土

だからである。ただ、ナスとトマトの台木は特例としてセル上げする（これについては48、64，71ページ参照）。

●セルへのタネまき

セル用土はフワフワしている。そのため、ただセルにすり切りいっぱいつめただけでは、タネまき後の水かけで沈降して用土不足になる。ほどよい緊縮状態にしたうえでタネまきしなければならない。図2-19（前ページ）にそのやり方を示した。

セルへのタネまきは、最初にタネを用土の上に並べ、それを指で土中に押し込む。どの種類も1㎝の深さを目安に押し込む。全部押し込み終えた後、手のひらで全体をならしてタネをかくす（図2-20）。そして水をかける。なお、セル自体充分な間隔があるので、ウリ類もタネの方向はそろえる必要はない。

●まき箱へのまき方

まき箱に使う用土は粒状なので鎮圧する必要はない。山盛りして板ですり切る（図2-21）。

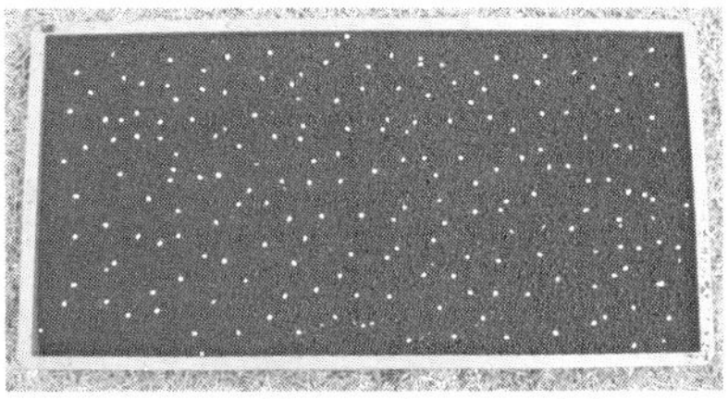

図 2-22　まき箱へのばらまき（ピーマンの 200 粒まき）
なれればすぐ上手になる

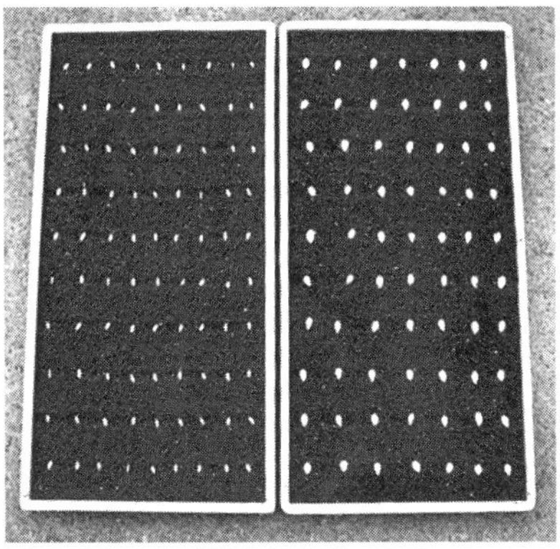

図 2-23　ウリ類はならべてまく
左：キュウリ、右：カボチャ

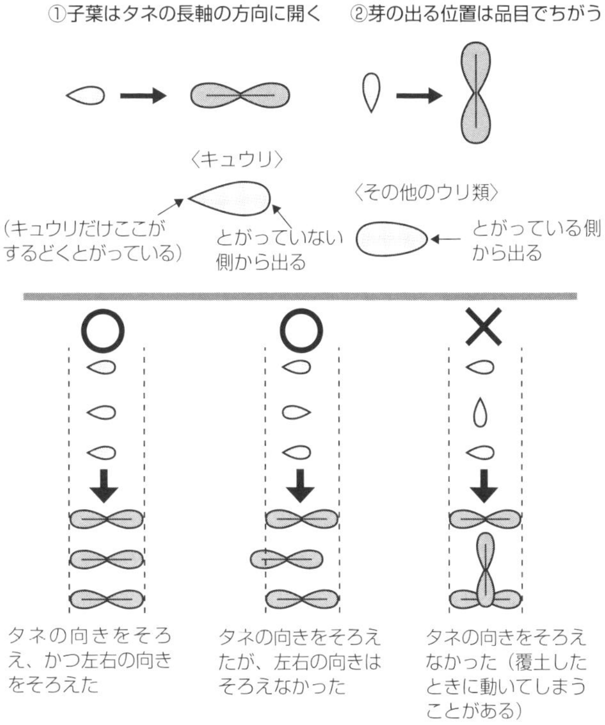

図 2-24　ウリ類のタネのならべ方と子葉の出方

①ばらまき

まき箱にまく場合は、ばらまきと、きちんとならべてまく二通りのやり方がある。トマト、ナス、ピーマンなどナス科は、子葉が小さく本葉もなかなか大きくならないので、少々タネがかたまってまかれても問題はないので、ばらまきする。ばらまきでも、なれれば1粒ずつきちんと間隔をとってまけるようになる（図 2-22）。

1箱に 200 粒くらいまくが、数箱まく場合、全箱分いちいち数える必要はない。1箱分だけ数え、その盛りの大きさにならって、ほかの箱にもまけばいいだろう。

②ならべてまく

キュウリやメロンなど子葉が大きいものは、タネがくっついてまかれると、発芽後、陰になる苗ができて生育に差が生じるので、ならべてまく。ウリ類のほとんどがこれに該当する。1箱に 70 ～ 100 粒まく。

図 2-23 のように発芽後、全部の苗に光が充分当たるようタネの向きをそろえる。

それは、①子葉はタネの長軸の方向に開く、②タネは芽のどちら側から出るかが決まっている、ためである（図 2-24）。

図 2-23 のように、タネ間よりも列間を広くとってまき、子葉を列の方向に対して真横になるように出させたい。そのためにはタネの長軸と列が直角になるように置かなければならない。そこまですれば、タネの左右の向きまでそろえる必要はないだろう。左右が逆になっても、ズレはタネの長さ分だけである（図 2-24）。

なお、子葉の大きなウリ類であっても、発芽率があまり高くなく、加えていっせいに出てこないものは、ならべる意味がないのでばらまきする。スイカ台木のユウガオがそれにあたる。

③覆土する前にタネを少し押さえる

ばらまきでも、ならべてまいた場合でも、タネは覆土するときに動きやすい。動いてしまうとせっかくいい間隔にまいた意味がなくなる。これを防ぐには、覆土する前にタネ

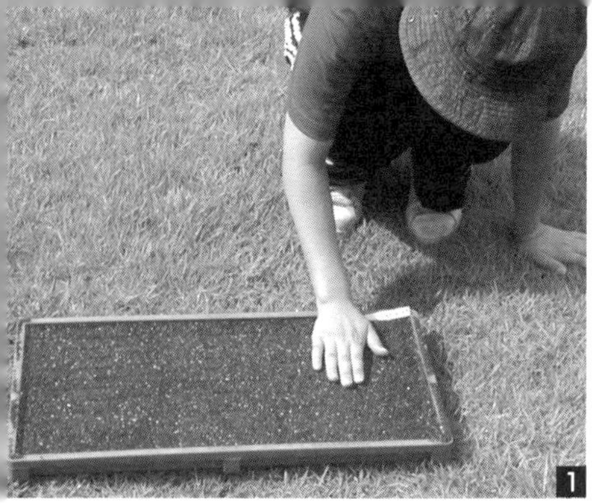

覆土する前に手で軽く押さえる

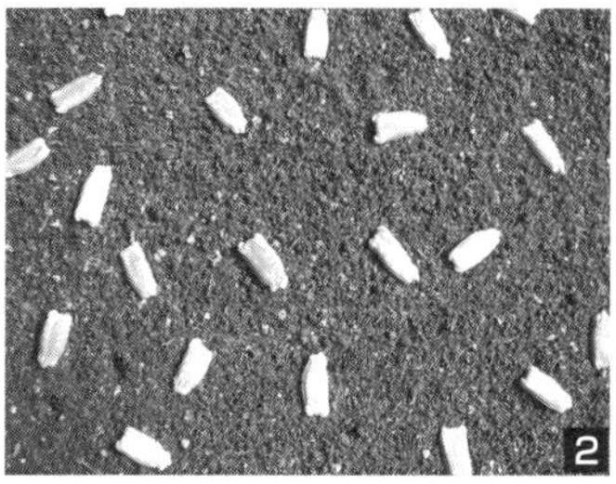

タネをまいた状態
写真はスイカ台木ユウガオの例

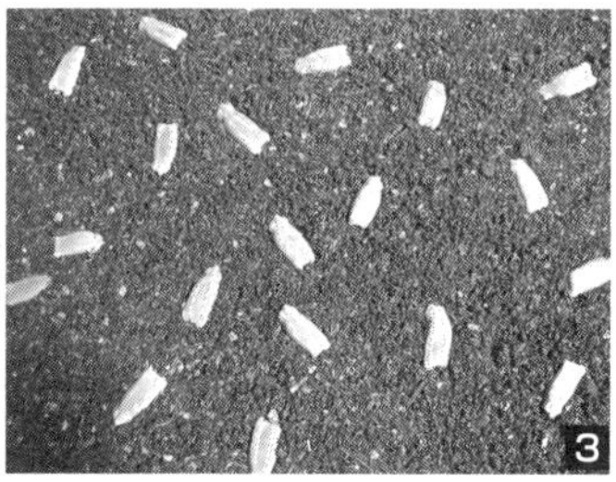

手で軽く押さえてやった後の状態
タネの厚さの半分くらいめり込ませる

図 2-25　覆土する前にタネが動かないように軽く手で押さえる

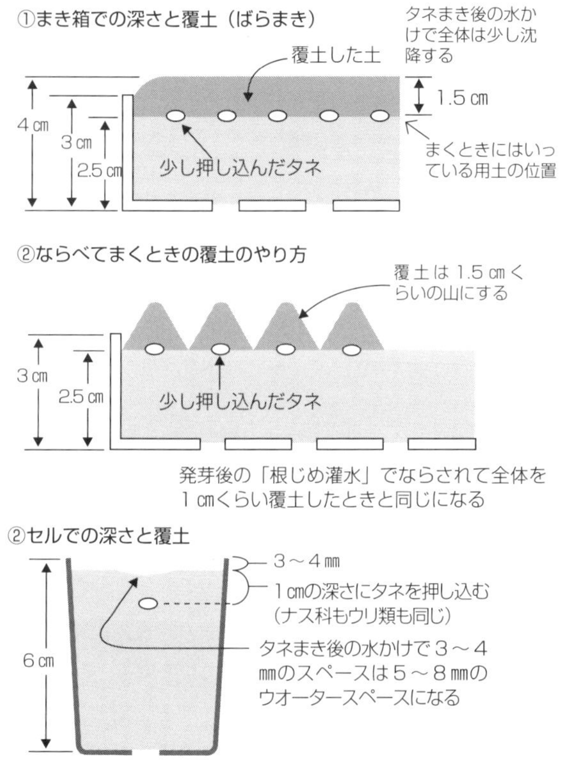

図 2-26　タネまきの深さと覆土のやり方

①種皮をかぶったまま発芽（「皮かぶり」）したスイカ

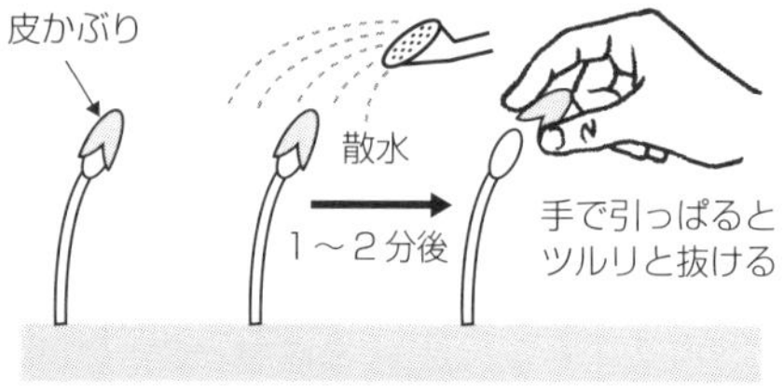

②「皮かぶり」のとり方

図 2-28　「皮かぶり」発芽と皮のとり方

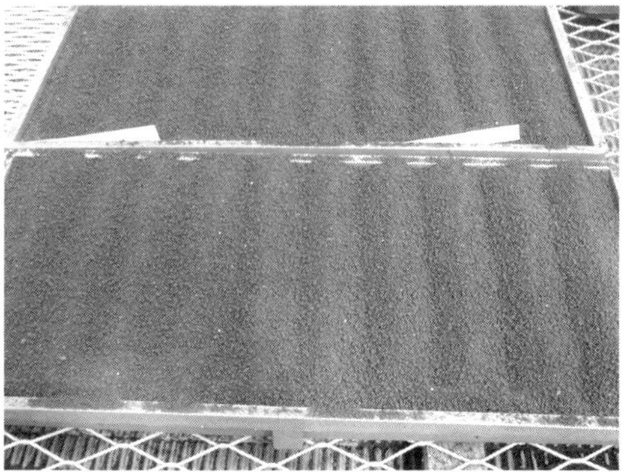

図 2-27　ならべてまいた場合の覆土後の状態
タネの部分のみを山になるように土をかぶせる

の厚さの半分くらい土にめり込ませるつもりで、手のひらか板でタネを軽く押さえてやるとよい（図 2-25）。

④まき箱の覆土

ばらまきでは全面を 1 ㎝くらいの厚さに覆土する（図 2-26）。

ならべてまいたときは、タネの部分だけを 1.5 ㎝くらいの厚さで山になるように覆土する（図 2-26、27）。このやり方のほうが、全面を覆土するよりもタネの部分が酸欠になりにくい。また、ならべてまくことの多いウリ類は、タネが大きく局所的ではあるが、土が

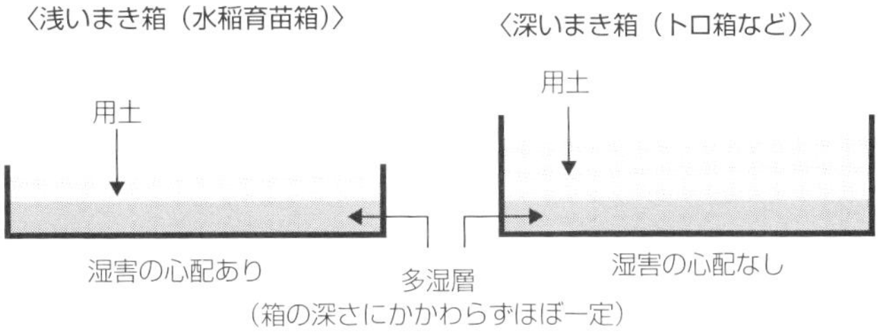

図 2-29　水やり後にできる多湿層

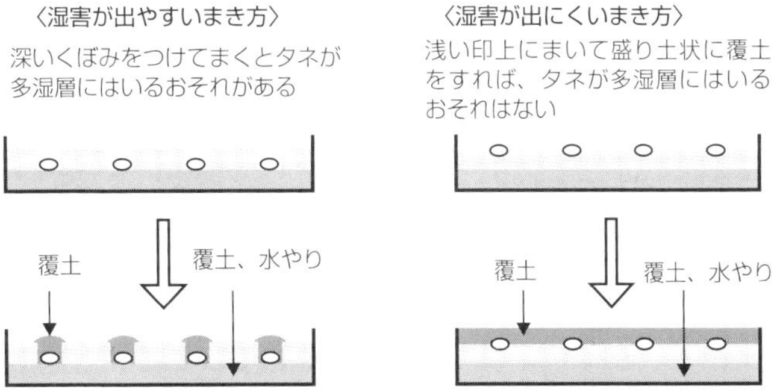

図 2-30　タネのまき方で湿害の出方がちがう

たくさんのっかっているほうが「皮かぶり」（後述）の芽が少なくなる。山と谷をなしている土も、発芽以降は「根じめ灌水」（後述）でならされ、全面1cm覆土とほぼ同じ状態になる。

●タネまきでの注意点

①「皮かぶり」を防ぐ

発芽するとき、種皮がうまくはずれず、かぶったまま出てきてしまうことがあり、「皮かぶり」という（図 2-28 ①）。原因は、発芽途中の乾燥と覆土の重み不足（覆土が薄い）なので、対策は簡単に立つ。

ただ、それでも皮かぶりが出てしまったときは、手で種皮を引っ張って抜いてやる。しかし、種皮が乾いているとなかなか抜けず、種皮と一緒に子葉の先端をむしりとってしまう。これを防ぐには、軽く散水した後で引っ張るとよい。種皮はもともと親水性に富む組織なので、散水して1～2分もすれば膨潤になってツルリと抜ける（図 2-28 ②）。

②タネを多湿にあわせない

タネは土が多湿すぎると死んでしまって発芽しない。いったん発芽してしまえばかなり水分はあってもいいが、発芽前のタネを過湿にさらすのは避けなければならない。

まき箱には、以前はトロ箱が多く使われたが、現在では水稲の育苗箱になった。育苗箱は浅いので、深いトロ箱にくらべ多湿の害を出しやすい。まき箱に灌水すると、底のほうに多湿層ができる。図 2-29 のように、この多湿層の厚さはトロ箱でも育苗箱でもほとんど変わらないが、用土の厚いトロ箱ではタネは多湿層よりもかなり上部にあるので湿害の心配は少ない（セルも用土が厚いので同じである）。

これに対し用土の薄い水稲の育苗箱では、タネが多湿層の近くにあるので湿害の心配がついてまわる。とくに、まく場所の印として深い溝をつくるとか、用土を浅くしか入れなかったりすると危険が増す（図 2-30）。湿害を出さないためには、箱に土を8分目以上入れてまき、その上に覆土をするようにしなければならない。

③タネを多湿層にまいてしまった場合

もし、タネが多湿層にはいり込んでしまうようなまき方をしてしまった場合、対策は二つある。

一つは、タネまき後の水やりの量を通常より少なくする方法である。しかし、この方法は、用土をまんべんなく湿らせることができたのかどうか判断がむずかしく、あまりすすめられない。

もう一つは、とりあえず通常通りタップリ灌水し、そのあとでまき箱を 10 ～ 30 度くらいかたむけて水を出し、多湿層の厚さを薄くする方法である。この方法なら湿りムラの心配もなく安心である。ただし、すべての箱

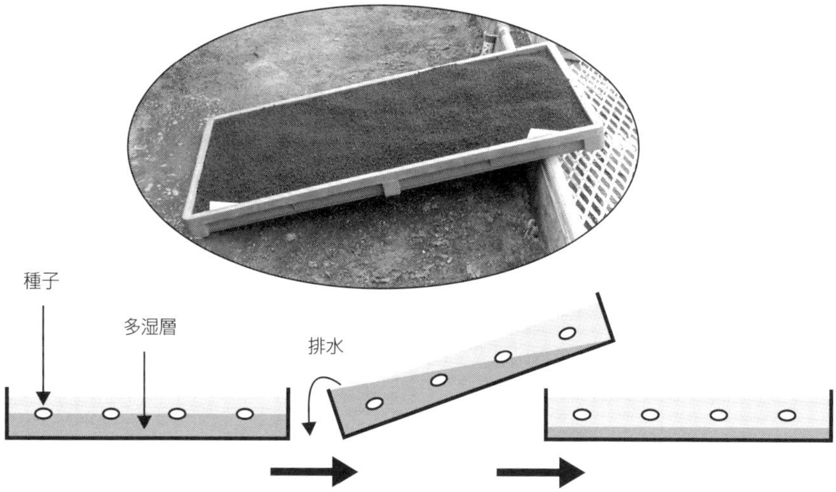

図 2-31　タネが多湿層にはいるまき方をしてしまったら箱をかたむけて強制排水し、多湿層を下げる

の排水の程度をそろえる必要があるので、かたむける角度を一定にして、時間も３分とか５分と一定にする（図 2-31）。

なお、この方法は水はけのよい粒状の用土でないとうまくいかない。まき箱には専用用土の購入をすすめ、自家製の場合はフルイにかけ粒をそろえるのがよいと前述したのは、こういう理由にもよる。また、後述するように、接ぎ木する場合は、もう１回排水処置が必要になるかもしれない時期がある。この点からも、タネまき用土の排水性は大切である。

いずれにせよ、まき箱には充分な量の用土をつめることが大切である。とくに接ぎ木する場合は、まき箱ですごす日数が長いので、用土不足にならないよう心がけなければならない。少なすぎると、多湿層の問題はなんとかのり切ったとしても、苗が大きくなるにしたがって土が乾きやすくなり、乾燥の害を受けやすい。

この時期の乾燥害は苗を著しくこじらせ、長く苗質に影響する。また、乾燥害を防ごうとひんぱんに水をやると、こんどは軟弱な苗になってしまう。

4　苗つくりの共通技術　水かけ

●かけるスピードとしみ込むスピード

水のかけ方は用土の物理性に影響する。水が用土にかかるスピードと、しみ込むスピードとの関係で影響があらわれる。

図 2-32 のように、かかる水のスピードとしみ込む水のスピードがつり合っている場合は、大小のすき間がもたらす通気性や保水性が保たれる。

これに対し、しみ込むスピードよりもかかるスピードが速い場合は、水がたまる（飽水状態）ので用土の構造がこわされて土がしまる。しかも、たまっている時間が長いと、鉢の中の軽い資材と重い資材が上下に分離し、混和状態がだいなしになる。

かける水のスピードは、ある程度生育がすすんだ苗になると、根によって用土の物理性がガードされるので、それほど気にしなくてもよいが、苗が小さいときや鉢上げ前のポットを湿らせるときなどには、注意が必要である。

同様の注意は、まき箱への水やりや、接ぎ木苗を挿す前にセル用土をあらかじめ湿らせるときにも必要である。

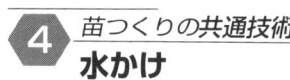

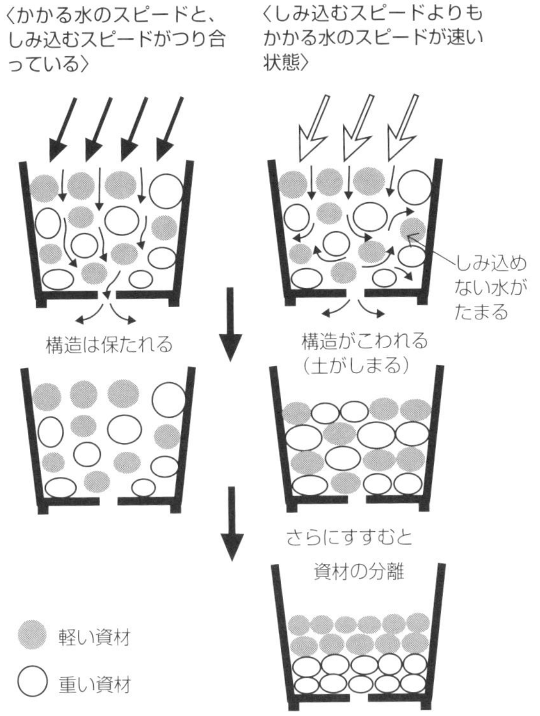

図 2-32　水かけで用土の構造がこわされる

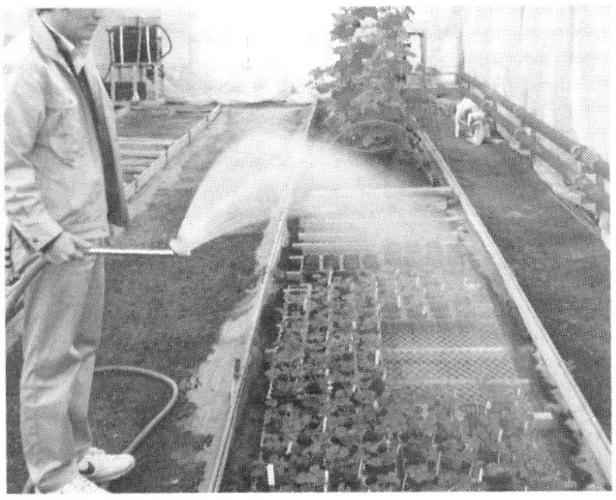

①ハス口を上に向け放物線をえがいて水滴を落下させる
最も主力となる水のかけ方

②ハス口で苗に近い位置から直線的にかけるやり方

③ホースから直接チョロチョロとかけるやり方

④散水チューブによるやり方
水滴が風にゆらぐので真下にないポットにもかかる

図 2-33　水のかけ方四つの方法

●水のかけ方四つの方法

①ハス口やジョウロを上向きにしてかける

　ホースにつないだハス口やジョウロの口を上向きにして、苗の遠い位置から放物線をえがいて水を落下させる方法（図 2-33 ①）。灌水の基本となる方法であり、かかる水のスピードとしみ込むスピードをつり合わせやすい。

　コツは、水のかかっている用土の表面が光ったら（飽水前の状態）、かける場所をさっと別に移動させ、そこが光ったらまた元の場所にもどす。こうすれば、用土本来の物理状態を保ちながら、しっかり湿らせることができる。

　このかけ方では苗が倒れやすいという意見をよく聞くが、それは、水が横なぐりになっているのである。まっすぐ落下させれば倒れない。

　特徴をまとめると次の通りである。

・作業能率が上がる

表 2-2　水のかけ方と向き不向き

ケース	①ハス口・ジョウロを上向き	②ハス口・ジョウロを下向き	③ホースでチョロチョロ	④散水チューブ
苗つくりのほとんどの場面で行なう基本的な水かけ	○	×	×	×
発芽後の根じめのための水かけ	×	○	×	×
セル	○	×		
呼び接ぎ直後の切り口をぬらさないための水かけ	×	×	○	
盛夏期の長期の苗つくりの水かけ（イチゴ）	×	×	×	○

・作業姿勢が直立でよいので、らくである
・用土の物理性がこわれにくい

②ハス口やジョウロを下向きにしてかける

これは、ハス口やジョウロの口を下向きにして、苗の近くから直線的に水をかけるやり方である（図 2-33 ②）。

次のような特徴がある。

・ピンポイント的に水をかけるとき、たいへん能率が上がる
・かける場所によってはかがみ込む姿勢が必要で、けっこうきつい
・用土の物理性をこわしやすい

③ホースから直接かける

ハス口やジョウロは使わずに、ホースから直接チョロチョロとかけるやり方（図 2-33 ③）。

次のような特徴がある。

・作業能率が上がらない
・かける場所によりかがみ込む姿勢が必要であり、②の方法よりきつい
・少量の灌水では湿りムラが出る
・多量の灌水では用土の物理性をこわす
・茎葉をぬらすことなく灌水できる

④散水チューブの利用

苗床上部に設置した散水型のチューブでかけるやり方で、おもにイチゴの苗つくりで行なわれる（図 2-33 ④）。

次のような特徴がある。

・タイマーを付けて自動灌水にするのが普通で、たいへん省力的である
・苗つくりが数ヵ月におよび、加えて盛夏期には日に 2 度の水かけを必要とするイチゴにとくに向いている
・かかりムラが出やすく、かかりにくい場所では苗の生育が悪い。かかりすぎる場所でも、用土がしまってポット内に滞水し生育が悪くなる

●水かけによる葉のぬれは病気の原因か？

茎葉がぬれると病気にかかりやすいという理由で、①や②の散水型の水かけ法をきらい、③のホースでチョロチョロとかけるやり方に固執する人がいる。しかし、病気は茎葉がぬれた状態が長時間連続するときに問題になるのであって、晴天の午前中に行なうという慣行にしたがうかぎり、病気の原因になることはない。意識を変えることをすすめたい。

それに、苗はハウス内でつくるので、ホースでチョロチョロかけるやり方で通すと、葉はぬれる機会をもたずに終わる。そういう苗は、葉がカサついた状態になり、みずみずしさに欠ける。

一方、光合成の面からみると、植物は日中に葉内の水分不足で光合成が停滞することがある。根からの吸水が蒸散に追いつかなくなるのだ。葉がぬれる水かけは、それを改善する効果もありそうだ。

●タネまき時の水かけ

タネまき時の灌水では、ふっくらと覆土された状態をこわさないように注意する。発芽後は、後述する根じめのためのややハードな灌水が待っているが、発芽までは土中の通気性を重視したやさしい水かけをしなければならない。このため、ハス口やジョウロの口を上向きにしてかけるやり方が向いている。

●発芽後の「根じめ」の水かけ

発芽によりささくれ立った用土をならし、胚軸と用土を密着させるのを目的とする水か

けである。

①まき箱苗の「根じめ」

粒状の重い土が使われているため、ハス口やジョウロを使い、水の出る部位を下向きにして、直接的な水圧と、かかる水のスピードが速いことによる飽水で用土をならす（図2-34）。もちろん、この水かけで物理性が悪化するが、胚軸があらわになったままにしておくわけにはいかない。それに、とくに通気性が重視される発芽の段階はすでに通過しているし、このあと苗がまき箱の中にある日数も長くはない。ここは割り切って根じめする。

②セル苗の「根じめ」

セルの場合は、フワフワしたきめの細かい用土なので、芽によって持ち上げられた土は少量の水でならすことができる。また、まき箱とちがって、苗がここですごす期間は長く、根の伸長をスムーズにスタートさせたい。そのため、もうしばらくは用土をしめたくない。したがって、ハス口やジョウロの水の出る部位を上向きにして水かけするやり方で根じめする（図2-35）。

●セル上げ、鉢上げ、セル苗移植前の水かけ

この水かけだけは、時期にも配慮が必要である。水かけ後、土にさわる作業やポットを移動させたりする作業がくるからである。そういう作業時に土がタップリ水を含んだ状態だと、局所的とはいえ土が練られることになる。練られると酸素不足で発根が遅れる。当日を適湿状態でむかえるため、水かけは2日前に終えておく。

①セル上げ前

土の通気性を重視した水かけをする。ハス口やジョウロの水の出る部位を上向きにしてかけるやり方が向いている。

②鉢上げ、セル苗移植前

移ってくる苗は、まき箱からの鉢上げ、呼び接ぎ苗の鉢上げ、セル苗の移植としてである。鉢上げの場合は、最初から用土を満たしてあるが、呼び接ぎ苗の鉢上げとセル苗の移

①根じめ前
発芽で土がささくれだっている

②根じめ後

図 2-34　まき箱での根じめ
ハス口、ジョウロを下向きにして水をかける

①根じめ前
発芽で土がささくれ立ち、胚軸との間にすき間ができる

②根じめ後
土と胚軸を密着させる

図 2-35　セルでの根じめ
ハス口、ジョウロを上向きにして水をかける

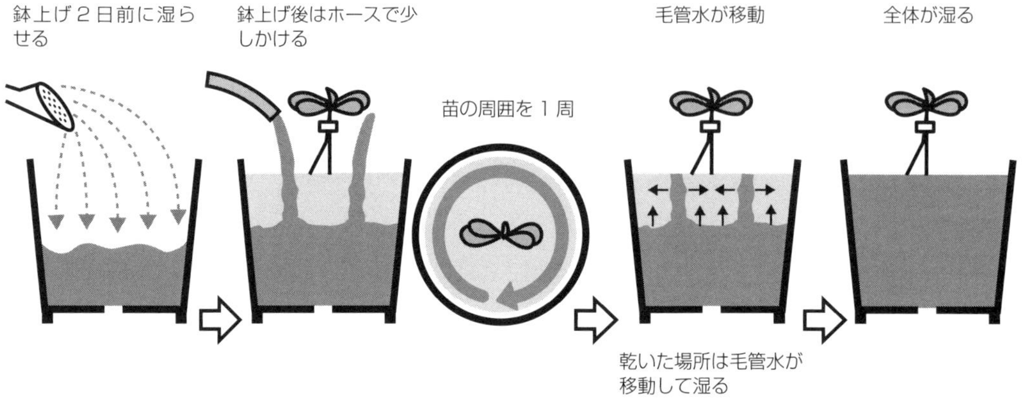

図 2-36　呼び接ぎ苗の鉢上げ前と鉢上げ後の水かけ

植の場合は、ポットには約２分の１の用土をつめた状態である。しかし、水かけの要領はどちらも同じである。

ポット苗は、このあとに、充実した苗質をめざして水をひかえる管理がされることもある。この管理を可能にするのは、通気性や保水性など用土の性質であり、こうした物理性を水かけでこわさないようにしなければならない。そのため水は、ハス口やジョウロを使って、水の出る部位を上向きにしてかける。

●セル上げ、鉢上げ、セル苗移植直後の水かけ

①セル上げ後

セル上げする苗は、ナスの台木とトマトの台木である。できればセルにまいて発芽させたいところを、ちょっとした事情により、まき箱で発芽させた苗が移ってくるのである。つまり、セルに植えた直後は、そこで発芽した苗が根じめを待つ状態と同じである。

したがって、ハス口やジョウロの水の出る部位を上向きにし、根じめのつもりでかける。２日前の水かけでセル内は適湿状態にあり、植える作業で荒れた表層をならすだけの少量の水かけになる。

②鉢上げ＝自根苗の鉢上げ・セル苗の移植後

まき箱からの自根苗の鉢上げとセル苗の移植は、ポット内の土量はちがうが２日前の水かけで適湿状態にある。しかも、鉢上げではあらたな土は加わらない。セル苗の移植ではあらたな土が加わるが、セル苗自体が根鉢として土を持ち込むためわずかである。したがって、多量の水かけは必要ない。ハス口やジョウロを使って、水の出る部位を上向きにしてかける。

③鉢上げ＝呼び接ぎ苗の鉢上げ後

半分の用土はあらかじめポットにつめて湿らせてあるが、接ぎ木した苗を鉢上げするときにつめるもう半分の用土は、湿っていてはあつかいにくいので乾いている。このため鉢上げしたあとに水をかける必要がある。

しかし、接ぎ木で切り込んだばかりの部位をぬらすわけにはいかないので、ハス口やジョウロが使えない。そこで、ホースから直接チョロチョロかけるやり方をする。ただし、このかけ方で多量の水をやると用土の物理性がこわれるので、かける量は苗の周囲を１周（80 ～ 100 cc）するにとどめる。このかけ方では湿らない部分があるが、水の毛管移動でやがて湿る（図 2-36）。

●断根接ぎ木苗の挿し木前のセルへの水かけ

セルの用土はある程度鎮圧気味につめる。こういう状態のところに、しみ込むスピードよりもかかる水のスピードが速い方法でかん水すると、用土は一層しまって接ぎ木苗を挿しにくい。また、台木が発根するためには土にある程度空気を含んでいることが大切である。この点からも土をしめることは避けたい。そういう理由で、ハス口やジョウロを使って水の出る部位を上向きにしてかける。

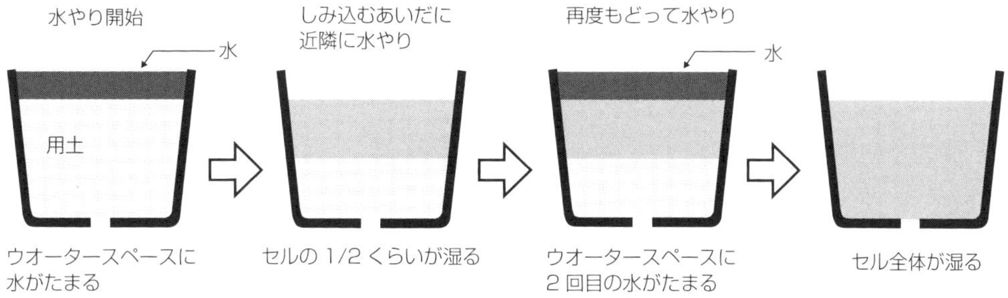

図 2-37　セル苗の生育中の水かけ

なお、苗を差し込むとき、土はぬれているほうが抵抗が少ないので、この水かけは挿し木直前にする。

●生育中の水かけ

①セル苗の水かけ

セルは苗当たりの土量が少ないので、水をひかえて苗の充実度を高めるような管理はできない。だから、用土の粗孔隙の必要性は低い。むしろスペースが小さい分、用土の絶対量が不足することのほうが心配され、少し鎮圧気味につめ込まれる。用土もそういう考えでつくられている。したがって、セル育苗での水かけは、前述したように初期には注意点があるが、苗がスムーズに生育し始めたあとは、土壌構造を考えながらやる必要はない。

セル苗の水かけで最も注意するのは、苗の蒸散量が増えてくる育苗中盤以降、かける量が不足しないようにすることである。そのころになると根もまわって用土に水がしみ込みにくくなり、セル上部のウオータースペースに水がたまるようになる。

ここで気を付けなければならないのは、ウオータースペースにたまった 1 回の水量では、これがしみ込んでも 2 分の 1 くらいの深さまでしか湿らないことである。底部まで湿らせるには、ウオータースペースにたまる水の 2 回分は必要である。

このため、ウオータースペースに水がたまったら、水をかける場所をいったん別のセルトレイに移し、その間にしみ込ませ、再度、元の場所にもどってウオータースペースを満杯にするというやり方をする必要がある（図 2-37）。

セル苗の水かけは、用土への水の供給という面だけみれば、ハス口やジョウロの水の出る部位を上向きにしてスピードを加減する必要はない。しかし、そうしなければ苗が倒伏するので、結局は水の出る部位を上向きにしてスピードを加減しなければならない。

②ポット苗の水かけ

土壌の物理性を考慮し、ハス口やジョウロの水の出る部位を上向きにして水をかける。コツは前述したように、水のかかっている用土の表面が光ったら（飽水前の状態）、かける場所をさっと別に移動させ、そこが光ったらまた元の場所にもどす。

●苗の生育をそろえる水のかけ方

①生育の不ぞろいの原因は水かけの不均一に

苗つくりの重要な目標の一つに、生育をそろえることがある。それには、まず苗に水が均一にかかるようにすることである。しかし、これが意外にむずかしい。セル苗にしてもポット苗にしても、ならべた苗の周辺部よりも中央部に多くかかりやすい。

その理由を、ハス口やジョウロの水の出る部位を上向きにしてかける方法で考えてみよう。水かけの不均一は、作業者の二つの行動によって起こる。

その一つは、苗のならんでいる範囲に水をかけようとし、通路などの苗のない場所には水を落とさないようにするからである。もう

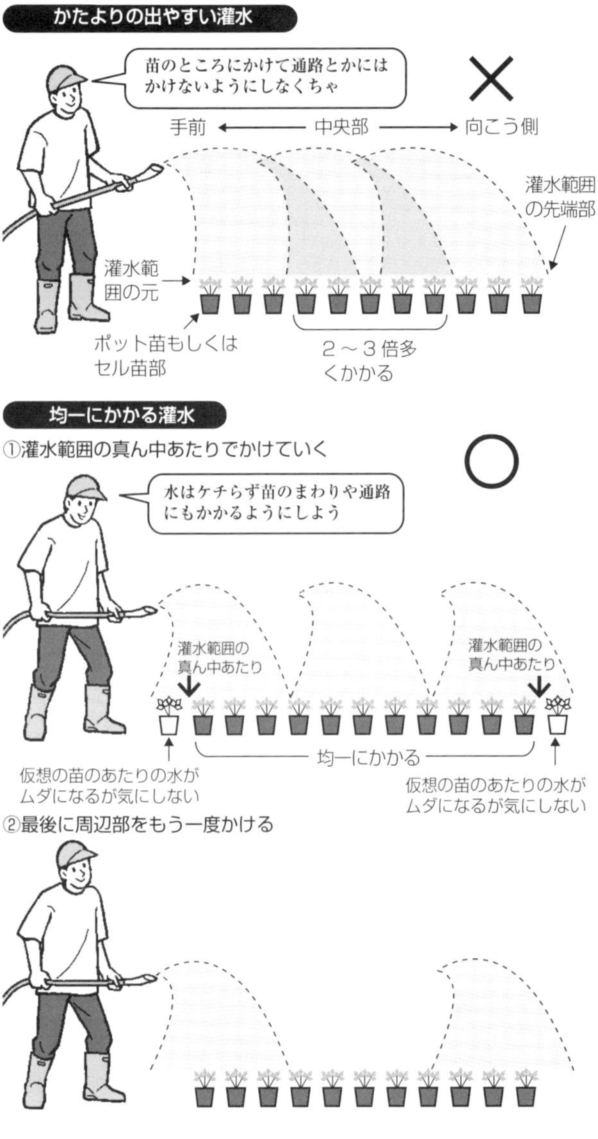

図 2-38　かたよりの出やすい灌水と均一にかかる灌水

一つは、作業者の視線が水をかけようとする場所にくぎ付けになり、その場所以外に水がかかっていても目にはいらないからである。

すなわち、手前→中央部→向こう側の順で水をかけていこうとする場合、手前をかけるときには一番手前の苗に、灌水範囲の元のほうがくるようにしてしまう。じつはそのとき、中央部の苗は灌水範囲の先端部で水をかけられているが見えない。だから中央部は中央部でもう一度かけられる。一方、向こう側をかけるときには、一番向こうの苗に灌水の先端部がくるようにしてしまう。このときにも中央部の苗は灌水範囲の元のほうで水をもらう。このように中央部の苗は、周辺部の苗にくらべ2～3倍の水がかかる（図2-38）。

そういう条件に加えて中央部は込み合うので、一層、周辺部よりも伸長が早くなりがちである（苗の伸長しやすさからみると、本来、水は周辺部にたくさん与えてはじめてつり合う）。込み合いについては対策を別に考えることにして、水の条件はそろえる必要がある。

②均一に水をかけるコツ

そろえるためには、水をかけようとする場所に灌水範囲の真ん中あたりがくるようにしなければならない。この方法は、苗の存在しない場所にむだ水が落ちるので、水をかけているうちに、どうかすると元の方法にもどりかかる。そんなときは、外周部の苗のさらに外側に仮想の苗を置くと心理的な抵抗感が薄らぎ、うまくいく。そういうかけ方をしたあとに、さらに周辺部の苗だけに、軽くグルリとかけると万全である（図2-38）。

なお、セルトレイの四隅は、前後からも左右からも水かけが不公平になり、水不足になりやすいのでとくに注意したい（図2-39）。

水のかけ方の中央部へのかたよりは、まき箱でも起こる。多数ならべている箱にかけるときは注意が必要である。ただし、一つの箱内の不均一さは起こらない。ポットやセルトレイとちがって底がつながっているからである。

●特殊な水かけ「葉水」

地下部に水を供給して根から吸水させようという水かけとは別に、ジョウロやハス口などで茎葉をぬらすだけの水かけがあり、「葉

図 2-39　セルトレイの四隅は水がかからず水分が不足がち

水」と呼んでいる。果菜の苗つくりでは、葉水を行なう機会がけっこう多い。似たような方法に、噴霧器などを用いて茎葉を霧でうっすらとぬらすやり方があるが、これは葉水とは区別すべきだろう。

葉水は次のような場合に行なう。

①断根接ぎ木苗の順化段階でのしおれ防止

②ポット育苗後半に、用土の水分をひかえ気味に管理する場合のしおれ防止

③曇雨天後の強光による一時的しおれの回復

④液肥施用後に茎葉に付着した液肥を薄める

葉水は、水圧や付着水の重みで倒伏するほどの量はやらない。急ぎ足でサァーとかける。だからジョウロやハス口の向きは問わないが、上向きがうまくいく。

5 苗つくりの共通技術

苗つくりの施肥

●畑とは施肥の考え方がちがう

①用土に含まれている肥料に期待しない

苗つくりの用土の良否を判断する材料として、肥料が重視されすぎている傾向がある。

購入用土には含まれる肥料が表示されているが、これにあまり期待した管理をすると失敗する。保証成分が充分でも、常に肥料の補給を考えておく必要がある。別の言い方をすると、用土は清潔さと物理性とpH（酸度）が合格ならば、肥料は少なくてもかまわない。先に紹介した自家製用土もそういう考えに立っている。

②用土の肥料は減るばかり

用土の肥料の考え方が畑のそれとちがうのは、①用土に含まれる窒素はほとんどが流れやすい硝酸態である、②用土はすべての場面で容器内で使用する、ことによる。

用土でも畑でも、土中の硝酸態窒素の動きには水かけが大きく影響する。畑の硝酸態窒素は水かけで地下に移動しても、大部分は毛管現象で作物が吸収できる層にもどってくる。加えて、さまざまな形態の窒素が含まれており、次つぎに硝酸態窒素に変化している。

これに対し用土の肥料は、水で容器外に押し出されると二度と利用できない。大づかみにいうと、用土の肥料は減るばかりである（図 2-40）。

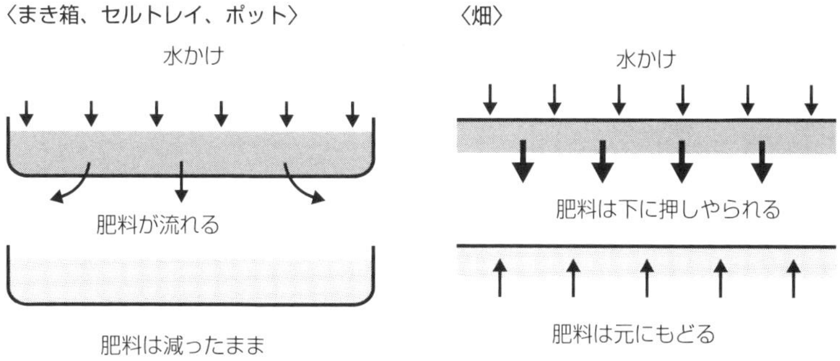

図 2-40　苗つくりの用土の肥料は水かけによって減る

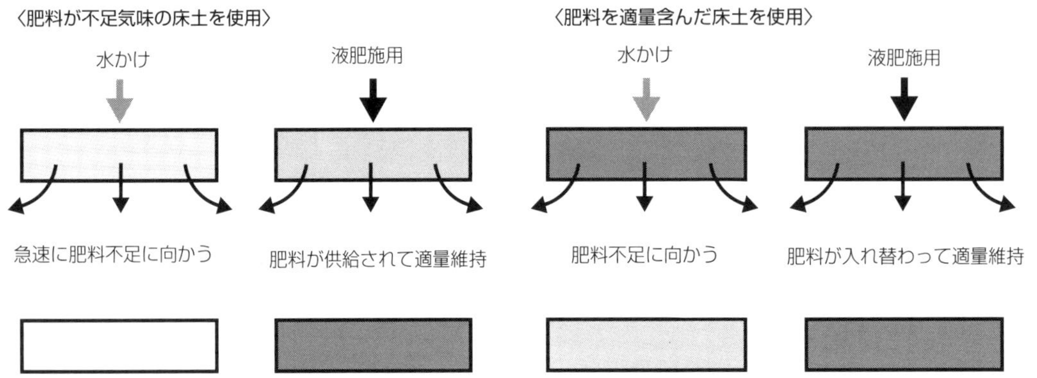

図 2-41　育苗用土の肥料含量と水かけ・液肥施用の影響

したがって、スタート時点で肥料がちょうどよく含まれていても、途中でたりなくなる。苗つくり期間の長いポットの場合は、とくにそうだ。短いタネまき用土やセル苗用土の場合は、肥料が流れる前に、その時点で必要な量があらかた吸収されるので、目立った問題は起こらない。しかし、肥料の効いたキリッとした苗にしようと思えば、これらの用土でも肥料を補給して濃度が下がりすぎないようにしたほうがよい。

●肥料は液肥を使いたい

よい苗をつくるには、液肥を上手に使うことをおぼえなければならない。用土中の肥料濃度を自分の望むレベルにするには、その濃度の液肥をかけるのが最も確実でてっとりばやい。肥料を全く含まない用土であっても、たちどころに適濃度にすることができる。

それに対し、苗つくりでの粒状肥料の利用は、成分の溶出と水かけによる流亡との関係が把握しづらく、用土内の肥料濃度をイメージ通りの状態にもっていくのがむずかしい。

●液肥なら用土の肥料分を無視して使える

適濃度かどうかは別として、ほとんどの用土は肥料を含んでいる。そこに液肥をやるとどうなるであろうか。一見、肥料が上積みされて過剰になってしまうような印象がある。しかし、用土中の肥料の何割かは液肥に押し流される。つまり肥料分が入れ替わるので心配するほど濃度が上がることはない。液肥を使うときに用土の肥料分を勘定することはない（図 2-41）。

●液肥は 500 倍の濃度で使う

一般に液肥は濃度の低いものをひんぱんにかけるよりも、やや濃い目（と思われているが、実際は適濃度）のものを時々かけるほうが肥効が見えやすく、苗もいい姿になる。

どういう経緯で定着したのかわからないが、液肥といえば 1000 倍液を使用すると相場が決まっているようなところがある。しかし、1000 倍は水かけのたびに与えるのにちょうどよい濃度であり、時々かけるやり方では薄すぎる。

液肥は、500 倍くらいの濃度で使用することをすすめたい。現在流通している液肥のどの銘柄もこの濃度でよい。そして、この濃度は生育ステージにより変更する必要はなく、育苗全期間を通じてこの濃度でよい。

●液肥施用後の葉水

いうまでもなく、液肥は水かけをかねてやる。だから、液肥が茎葉に付着する。付着した液肥はそのままだと、水が蒸発するにしたがって濃度が高まり葉の縁がいたむ。これは 1000 倍くらいの薄い液肥を使用した場合でも起こる。

防ぐには、液肥をかけた後、葉水を打ってサッと洗うとよい。洗う程度は、付着した液肥を薄めるくらいのイメージで行なうとちょ

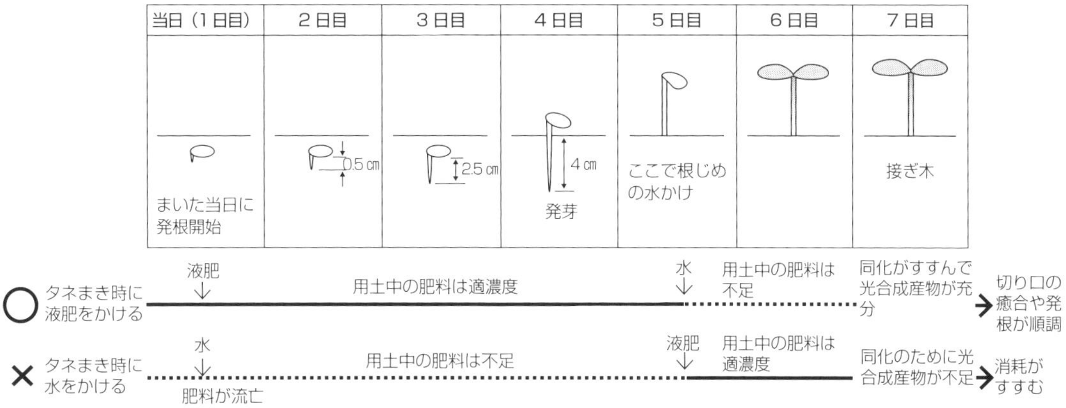

＊５日目の「根じめの水かけ」とは、発芽によってささくれだった用土をならすための水かけで、まき箱で発芽させた場合は比較的多量の水をかける。

図 2-42　キュウリのタネまき後の生育と液肥管理

うどよく、流すというイメージでは用土中の液肥まで薄まる。

なお、液肥をかけた後、ホース内に液肥が残ったままにしておくと、ホースの内壁にすぐ青のりが張ってしまい、次に使うときにハス口の目をつまらせる。これを防ぐには、液肥をかけた後のホースに水を通すのがよい。葉水はこの作業時間を少し延長することだと思えばよい。

●タネまき時の液肥施用

各果菜の施用時期は各論で述べるが、共通の施用時期として取り入れてほしいのは、タネまき時の液肥施用である。つまりタネまきしたときの水かけに、液肥を使用するのである。

発芽に必要な条件は温度と水分と空気であり、肥料養分ははいっていない。しかし、出芽前に発芽は始まっている。われわれが芽を見るよりも早く肥料を利用しているのである。実際、タネまき時に水をかけた場合と液肥をやった場合の芽をくらべると、液肥をやったほうが子葉も大きく緑も濃い。

●タネまき時に液肥をやっておかないと間に合わない例

タネまき時の液肥施用は、肥効が高いだけでなく、やっておかないと芽が出てからでは間に合わない果菜もある。

キュウリを例に述べる（図 2-42）。

キュウリの断根接ぎは、タネまき後7日には行なう。断根接ぎの順化（自然光に出すまでのならし）中の光は弱く、光合成は望めない。そのため肥料の効いた丈夫な苗にして接がないと、順化中にめっきり消耗する。ここでいう肥料の効いた状態というのは、吸収された窒素が光合成産物を使って同化された状態のことで、無機態窒素が体内に多量に含まれていることではない。無機態窒素が多い状態で順化にはいると、これを同化するために、発根や切り口の癒合《ゆごう》に使う予定でストックしていた光合成産物をまわすことになり、逆に消耗がすすむ。

キュウリの芽が出そろうのは、タネまきして5日目である。接ぎ木まであと2日しかない。ここで液肥をやると、天候によっては窒素が同化されないまま接ぎ木日をむかえてしまいかねない。タネまき時にやっておけば、20時間後には発根が始まるので、そこから5日目までの3日間、肥料が適濃度の状態で育つことができる。そして、発芽ぞろい時の根じめの水かけによって用土中の肥料を流してくれるので、それ以降2日間の肥料吸収がおさえられ、それまでの3日間で吸った窒素をしっかり同化できる。台木カボチャもこのプロセスにほぼ当てはまる。

6 苗つくりの共通技術

苗の生育調節

●充実した茎葉の基をつくる

定植して茎葉がほどほどの大きさに育った株と、大きく育った株との収量をくらべると、大きな株のほうが多い。ところが、大きな2株分とほどほどの3株分をくらべると、3株分のほうが多い。また、果実の品質もほどほどの大きさの株がすぐれている。

一定面積に植え込める株数は株の大きさが影響する。品質のよい果実をたくさんとるためには、ほどほどの大きさの株に育てる必要がある。株をほどほどの大きさにもっていくための管理は、定植してから本格的に始めることになる。しかし、苗のときにはなにもしなくていいということではない。定植後の管理をやりやすくするためには、苗つくりの段階から水のかけすぎに注意し、充実した茎葉の原型をつくっておかなければならない。

●セル苗は苗床での生育調節ができない

しかし、そういう生育調節的な管理はセル苗ではしない。少なくとも水やりをひかえる管理はできない。セル苗の根鉢は小さいうえ用土の物理性が均一なので、水をかけないと乾きが早く、しかも根鉢全体がまんべんなく乾く。つまり乾き始めると、適度な乾燥を保つ時間がきわめて短く、たちどころに害をあらわす領域にいたる。

よいセル苗は、乾燥のストレスを一度も受けたことのない苗である。セル苗はそういうみずみずしい状態で定植する。あるいはポットに移植して二次育苗に移る。水をひかえる管理はセルから出た後である。

●水かけは急がず、1回に充分な量を

ポット苗の水かけは、定時的にやるという考え方では、せっかくポットで育てている価値が半減する。用土量の多いポットは、土が乾き始めてから水をかけなければならなくなるまでの時間が長い。この、ほどよい乾燥状態の時間の積み重ねが苗を充実させ、定植後の草姿づくりを容易にする。

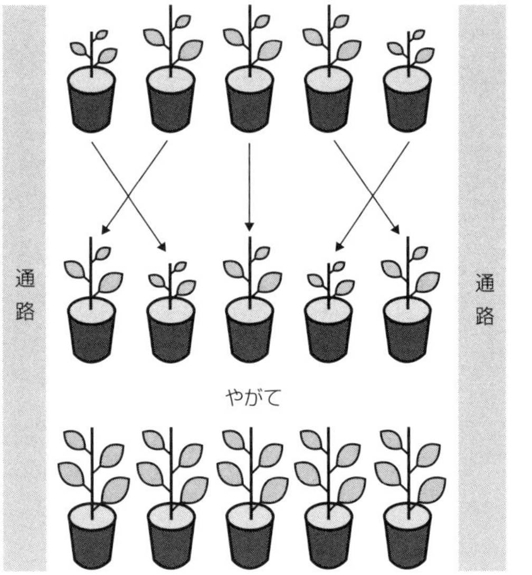

図2-43　苗の入れ換え（置き換え）で草丈をそろえる

ポット苗のかん水は、土の表面が白くなり始めてから行なうようにすることが大切である。1回にかける水量を少なくするのではない。水はかけるときには充分な量をやるのがよい。そして次の水かけを急がないようにすれば充実した苗にすることができる。

このようにある程度の乾燥を待って水をかける方法をとる場合、用土全体が均一に乾くよりも不均一なほうが、急激なしおれが起こりにくく安全性が高い。不均一な乾き方をさせるには、用土を構成する土粒や堆肥などの大きさが不均一なほうがよい。そういう意味でポット用土は自家製がすぐれる。しかし、購入用土でも十分できる。

●ポット苗の大きさをそろえる

ポット苗は、込み合いによる徒長を避けるために、大きくなるにしたがって置く間隔を広げていくが、苗を動かす作業はこれだけではない。草丈をそろえるという目的でもう一つの動かし方が必要である。列の内側にある苗と外側の苗を入れ替えるのである（図2-43）。

というのは、内側の苗は日当たりが悪いう

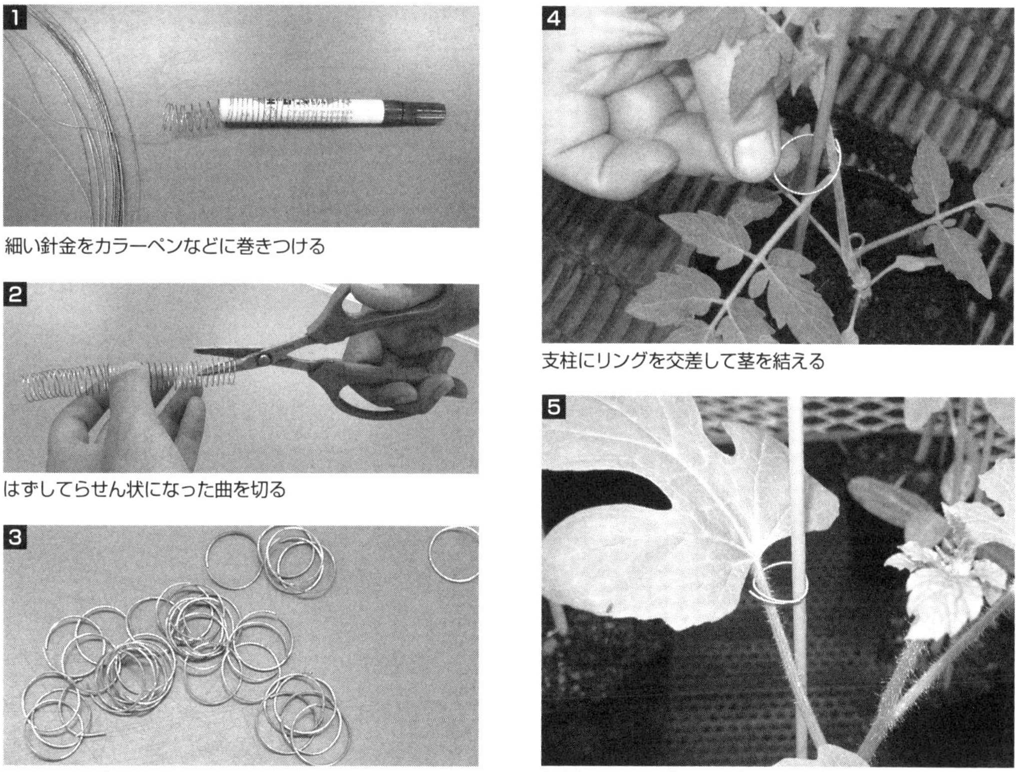

1 細い針金をカラーペンなどに巻きつける

2 はずしてらせん状になった曲を切る

3 できたリング

4 支柱にリングを交差して茎を結える

5 葉柄の長いウリ類は、葉柄をリングで結えてもよい

図 2-44　手づくりリングのつくり方と使い方

えに、水も多くかかりやすいため、どうしても外側の苗より草丈が高くなるからである。草丈のばらついたこの状態のまま定植すると、本圃で一律の管理ができない。その意味で、この作業は間隔をあける作業と同様に重要である。鉢上げ後 10 日間隔で入れ替える。

7 苗つくりの共通技術　その他の共通の管理

●苗の支柱と結わえ方

ポット苗の倒れを防ぐには支柱を立てるとよい。支柱は、苗つくり期間の長いナス科でよく使う。もちろんウリ類でも使ってよい。支柱は専用のカラー棒を購入してもいいし、焼き鳥用の竹グシを利用してもよい。支柱に結わえるのは普通は茎だが、葉柄の長いウリ類では葉柄をゆわえてもよい。結わえるのに使うのは手づくりのリングである。リングはごく細の針金でつくる（図 2-44）。結わえている支持部は、苗が大きくなったら一度だけとりはずして上部に移動する。とりはずしの容易さからもごく細の針金が向いている。

●苗の取り出すタイミングと方法

セル苗もポット苗も、根が完全にまわる前が移植あるいは定植の適期である（121 ページ付録 5 参照）。つまり、根鉢が完全にかたまる前なので、取り出す作業はていねいにやらなければならない（図 2-45、次ページ図 2-46）。

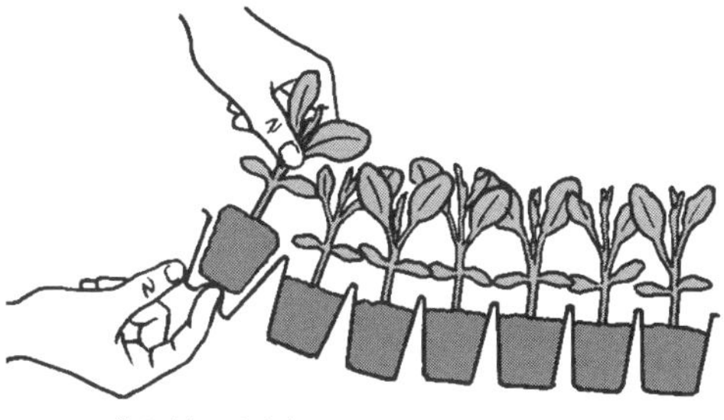

指か棒で底を押しながら引き出す

図 2-45　セル苗の取り出し方

地ぎわ部を人差し指と中指ではさむ　ひっくり返して　ポットを引き抜く

図 2-46　ポット苗の取り出し方

鉢に用土を 5 分の 2 くらいつめる　取り出したセル苗を鉢にすえる　根鉢の周囲に用土をつめる。そのとき株が動かないように手でささえる

支柱を立てる　苗を支柱に結わえる。手づくりのリングを広げたところ　リングで支柱に結わえて鉢上げ終了

図 2-47　セル苗の移植方法（トマトの例）

●セル苗の移植方法

セル苗を移植する場合、ポット内に最初から用土を全部つめておいたのでは作業がやりにくい。全部つめた状態で移植する場合、用土をひとつかみしてスペースをあけ、そこに苗を植えようとしても、50～72穴セル苗の根鉢のスペースはそれより大きい。

こうした不都合を避けるには、ポットにつめる用土は、セル苗の根鉢の高さを差し引いたぶん（2分の1～5分の2くらいつめた状態）にしておき、セル苗を置いてから根鉢のまわりに用土を入れるのがよい。そして、支柱を使うなら移植時に立てる（図2-47）。

図2-48　マメハモグリの被害を受けたトマト苗

●苗床での病害虫防除

①防除は発芽ぞろいと定植前に

苗床で病害虫を出すと株が小さいぶんダメージが大きいし、作り手の気力もなえる（図2-48）。苗床でのきちんとした防除は、栽培全期間の農薬使用量を減らすための基本的条件である。水和剤や乳剤を使用しての散布と、粒剤施薬とを実施する（図2-49）。

水和剤や乳剤を散布するときは、防除対象を病気か害虫かにしぼらず、せっかくだから両方の薬剤を混ぜるのがよい。どんな果菜類でも、発芽ぞろいのころに1回やっておくと

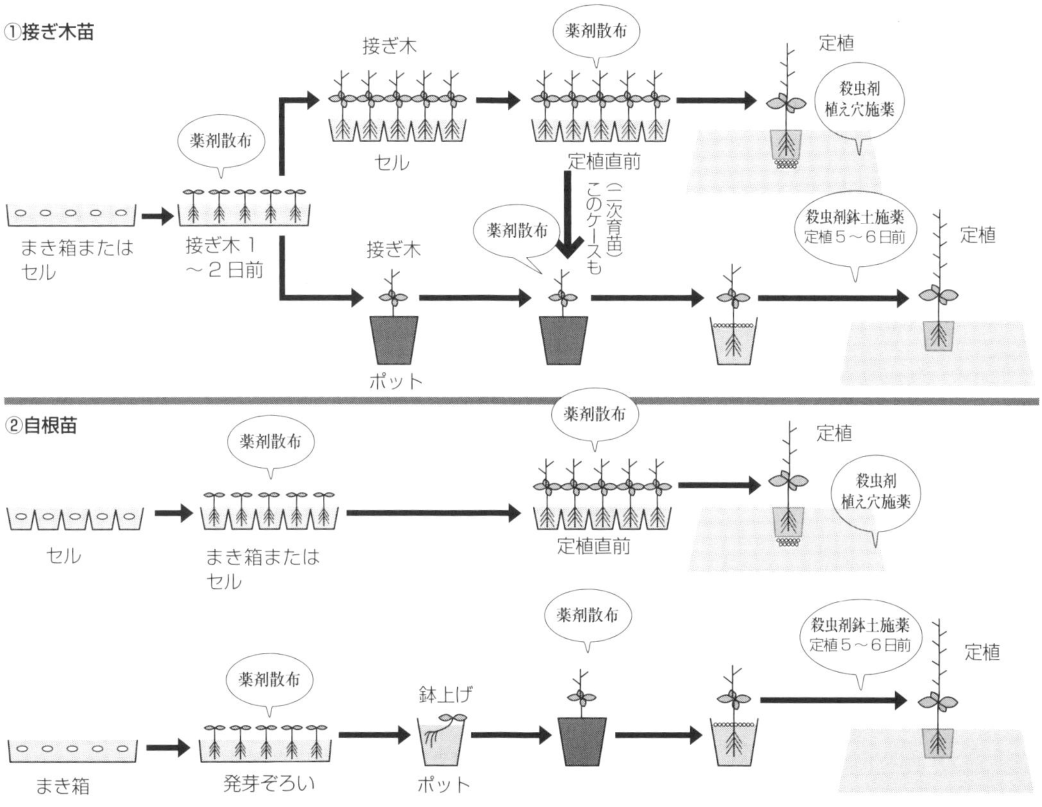

図2-49　苗の農薬使用

安心である。とくに接ぎ木苗は、順化期間にはいると病害虫が発生しても散布できないので、台・穂とも接ぎ木前の散布が重要になる。

一方、定植直前になると薬剤に保護されていない葉が展開している。これをそのまま畑に出すのは不安なので、防除をすませてから出すようにする。

定植直後の散布でもいいように思いがちだが、株が狭い面積にまとまっている苗床で防除したほうが、作業効率からみても薬剤の必要量からみても得である。

②苗だからと濃度を薄くしない

ところで、薬剤散布をする場合、苗だからといって薬液の濃度を薄くしてはならない。薬剤は指定の濃度でなければ効果はないし、株が若いから薬剤に弱いということは決してない。

③粒剤の鉢施薬

粒剤施薬はおもに害虫防除が目的である。定植苗の種類により施薬方法と時期が異なる。ポット苗では、定植5～6日くらい前に鉢に施薬する。

定植時に植え穴に施薬（植え穴処理）する方法もあるが、鉢への施薬のほうが根全体が薬液に浸かるので、効率よく吸収され効果が高い。鉢施薬をしている苗としていない苗では、付加価値が全然ちがうとみるべきである。

セル苗の場合は、鉢施薬のうまいやり方が確立されていないため、定植時の植え穴処理をする。もちろんポット苗でもなんらかの都合で鉢施薬ができなかった場合は、定植時の植え穴処理をする。

8 苗つくりの共通技術 自根苗のポットへの鉢上げ

●なぜ鉢上げが必要か

セルでつくる自根苗はセル内に直接まくが、ポットでつくる自根苗はまき箱にまいてポットに鉢上げする。そのほうが、ポットに直接まくよりいい苗になる。植え替えの軽いストレスで、生育にほどよいブレーキがかかり、ヒョロヒョロになるのが防げる（図

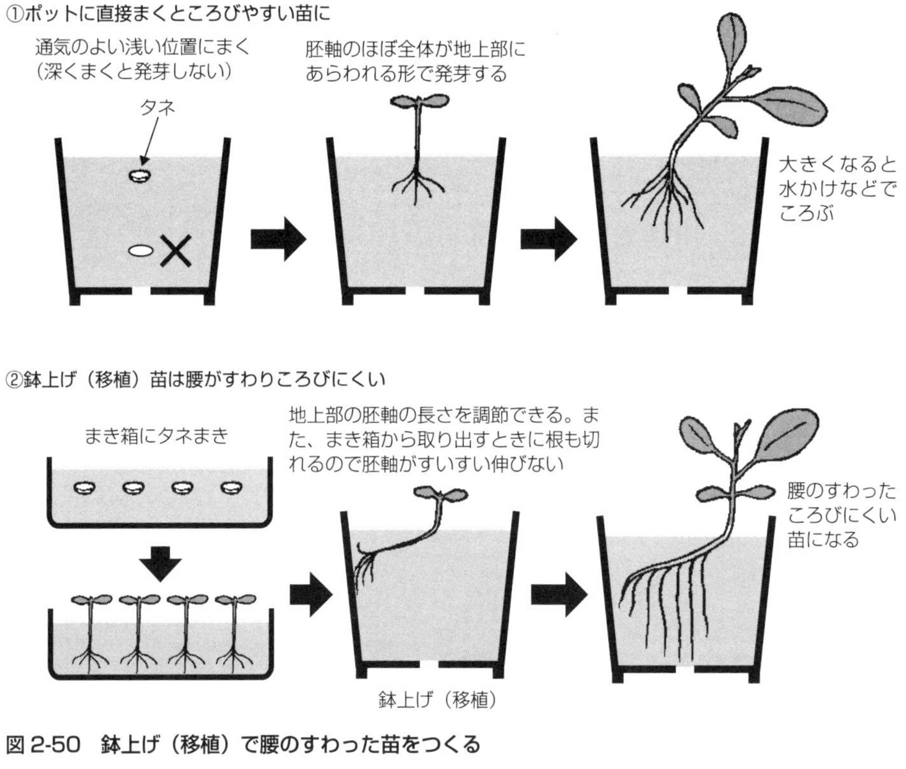

①ポットに直接まくところびやすい苗に
通気のよい浅い位置にまく
（深くまくと発芽しない）
タネ
胚軸のほぼ全体が地上部に
あらわれる形で発芽する
大きくなると
水かけなどで
ころぶ
②鉢上げ（移植）苗は腰がすわりころびにくい
まき箱にタネまき
地上部の胚軸の長さを調節できる。また、まき箱から取り出すときに根も切れるので胚軸がすいすい伸びない
腰のすわった
ころびにくい
苗になる
鉢上げ（移植）

図2-50　鉢上げ（移植）で腰のすわった苗をつくる

2-50)。

しかし、せっかく鉢上げするのだから、ほどよいブレーキに加え、①らくな方法で鉢上げする、②腰のすわった姿勢のいい苗にする、③根量の多い苗にする、④水かけのやりやすい苗にする、という目標も達成したい。

●らくに移植でき苗質もよくなる鉢上げ方法

①「深植え」の解釈がまちがっている

鉢上げは深植えしてはならないという大原則がある。そして、「深植え」＝「胚軸の上のほうまで土がかぶること」と解釈されている。しかしこの解釈はまちがいである。このまちがいが、鉢上げを手間のかかる作業にするとともに苗を質の向上から遠ざけている。

深植えとは、「胚軸が垂直方向に深くはいること」であり、浅ければ土をかぶってもかまわない。すなわち、横に「寝かせ植え」するのである。そうすることにより、慣行の浅植えではできない、前述した4つの目標を達成できる（図2-51，52)。

②「寝かせ植え」で作業性、苗質ともアップ

寝かせ植えのやり方は、鉢土を片手でひとつかみとり、そこに苗を横たえて土をもどすのである。慣行のやり方にくらべ、作業の調子をとりやすい。一人が苗を鉢の上に置いていき、もう一人がその後から植えていく。植

図2-51　自根苗の鉢上げは寝かせ植えがよい

	作業性	苗質など		
		根量	草姿	耐倒伏性
浅植え 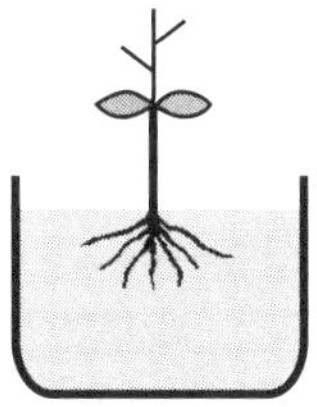	×	中	△	×
深植え 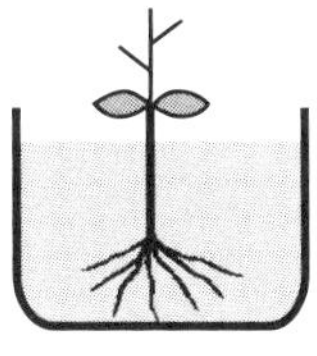	×	少	△	○
寝かせ植え 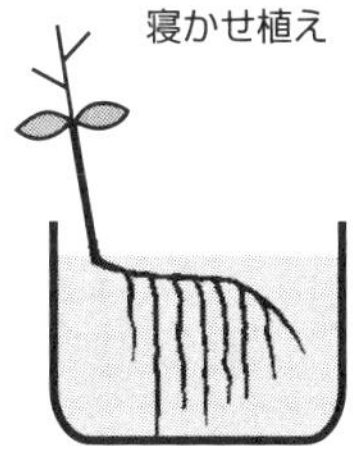	○	多	○	○

①胚軸を斜めにして鉢上げ（寝かせ植え）　姿勢がよくころばない
②立てて鉢上げ（慣行的な浅植え）　ころばないまでも、寝る
③ポットに直接まいた苗　姿勢が悪く、ころびやすい

図2-52　鉢上げの有無、方法と苗のよしあし

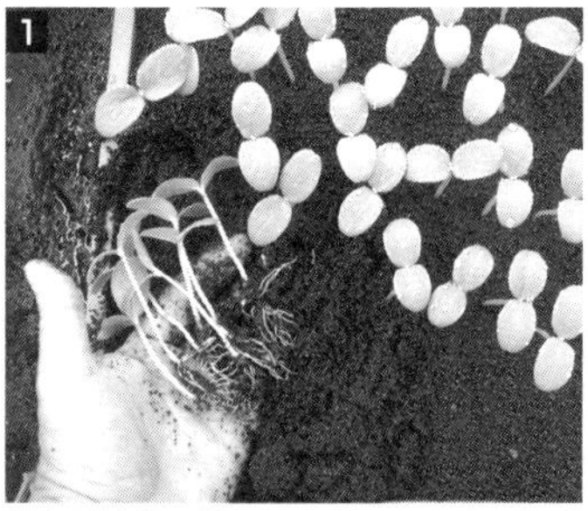

鉢上げ適期の苗を箱底部からすくい上げるように取り出す

まき箱から取り出した苗を鉢上に置いていく

苗を片手で持ち、片手で鉢土をガバッと握る。小指のほうの土を深くとって鉢土にゆるやかな傾斜をつけて苗を置き、握った土をかぶせて植える

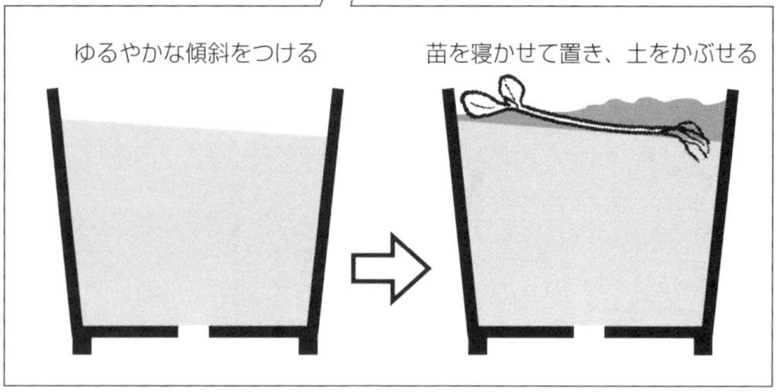

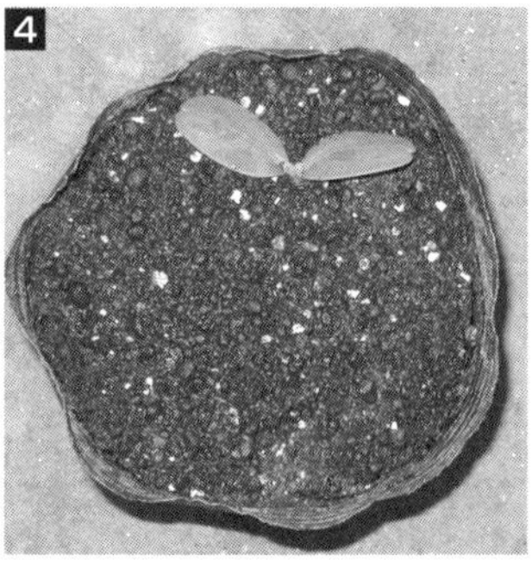

鉢上げした苗
このくらい思い切り寝せ、地上の胚軸０㎝からスタートする

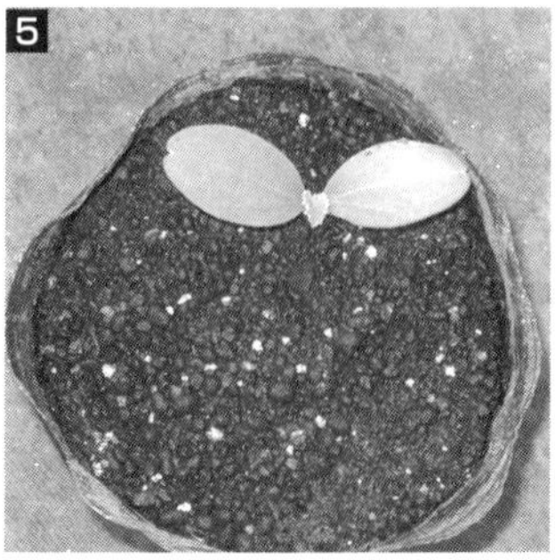

鉢上げ 24 時間後
すでに頭をもたげている

鉢上げ２日後
胚軸が１㎝くらい見えてきた。これは起きあがったのではなく、伸びたのである

鉢上げ７日後
胚軸が２㎝くらいになっている

鉢上げ 12 日目
胚軸が３㎝くらいまで伸びている

鉢上げ 19 日後（定植期）
胚軸は 12 日目と同じ３㎝

図 2-53　自根苗の鉢上げ（移植）の手順（メロンの例）

図 2-54　寝かせ植えで、胚軸が短く、腰がすわり姿勢いよく育つ苗（右）、左は慣行植え（ピーマンの例）

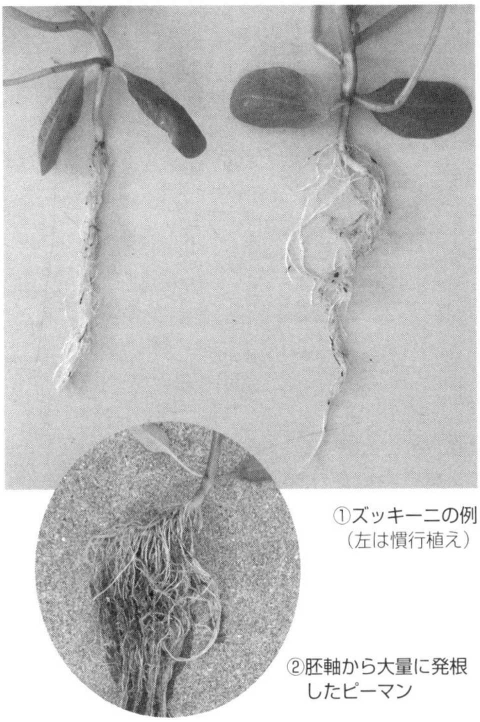

①ズッキーニの例
（左は慣行植え）
②胚軸から大量に発根したピーマン

図 2-55　寝かせ植えすると胚軸からも発根し根量が多くなる

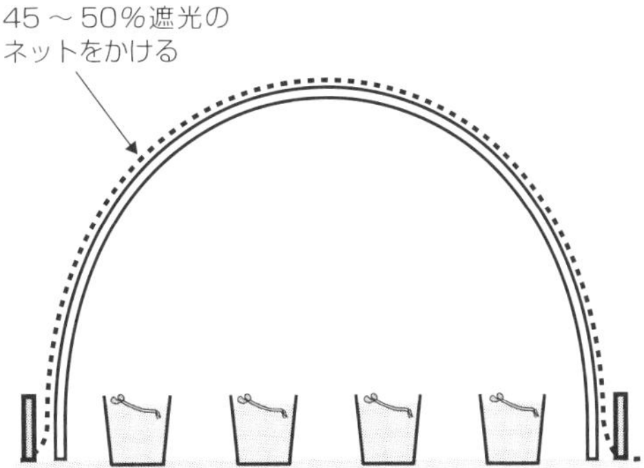

図 2-56　鉢上げしたその日だけ遮光してやる

え手は土をつかみとるとき、量を加減せずにガバッと握る、そして苗の首元までちゅうちょせずに土をドスッと置いていくことが、調子にのるうえで大切である（図 2-53）。慣行のやり方にくらべ 5 倍くらいのスピードで作業がすすむ。

そして、胚軸は土の上に少ししか顔を出さないので、腰のすわったいい姿勢の苗になる（図 2-54）。また、土の下の胚軸は通気性のよい浅い部分にあるので、そこからも多くの根を出す（図 2-55）。

なお、この鉢上げ法は、苗の頭がポットの端っこに位置することになるが、苗はポットの真ん中に立たなければならない理由はない。それどころか、端っこに立つことにより、葉のかぶらない土面が広くなるので、水をかけやすくなる。鉢施薬もしやすい。

寝かせて鉢上げする効果のうち、苗の根量増加だけは全果菜類が享受できるわけではない。苗つくり日数の短いカボチャとニガウリは、胚軸からの発根前に定植時期がくる。ただし、苗が胚軸から発根できる態勢をとっているため、定植後にそこから発根し丈夫な株になる。

●鉢上げしたその日だけは遮光してやる

鉢上げした苗は、ただちに根を分岐して吸水を始めるが、鉢上げ当日だけは蒸散作用のほうが強く、日中しおれ気味になる。新しい環境での生育を順調にすべり出させるためには、このしおれは防がなければならない。トンネルをつくって、その日だけ45～50%光を遮るネットをかぶせる（このネットは接ぎ木苗をつくるときにも使える）（前ページ図2-56）。たった1日のことであるが非常に大事な措置である。

●購入セル苗の鉢上げ（移植）―寝かせ植えできるか

50穴や72穴のセル苗はタネまき後日数がたっており、形態的にも機能的にも地下部と地上部の区分けができてしまっている。したがって、寝かせて植えてはならない（後述の接ぎ木苗の移植と同じ方法でやる）。寝かせて植えても発根しないし、胚軸が埋まると病気になりやすい。

ただし、育苗日数が短く、組織のやわらかい200穴くらいの苗（苗の大きさからしてピーマンしかない）の場合は、まき箱から鉢上げする場合と同じように寝かせて鉢上げしたほうがよい（図2-57）。なお、セル苗の鉢上げの場合は、まき箱からの鉢上げのときのような遮光は必要ない。

セルから抜き取り、寝かせて植える

鉢上げし終わった苗

翌日は胚軸が伸び出して立ち上がる

図2-57　セル苗でも幼苗なら寝かせて植える
（ピーマンの200穴苗）

9 苗つくりの共通技術 セルトレイとポットの広げ方

図2-58を参照。

10 苗つくりの共通技術 定植方法と注意

●植え付けの深さ

①鉢の底部の通気性を考えた深さに

畑に苗を定植するときの深さは、ポット苗とセル苗では考え方が少しちがうが、深植えにしないという点では共通している。理由は、根を早く多く伸び出させて活着させるためである。また、接ぎ木苗は接合部が地につくと、穂木から発根するおそれがあるので、そのことからも深植えしてはならない。

生育中のポット苗やセル苗の根は、育苗容器内の通気のよい部分に多く張る。だから容器の内部には少なく、上部と周囲と底部に多く張る。底部は穴があいているので通気性がよいのである。

定植は、この底部に視点をおいて行なう必要がある。底部を、定植後も引き続き通気性のよい場所におくことが、スムーズな活着につながる。

畑で通気性にすぐれていて根を張らせやすい環境にあるのは、うねの表層域である。生育がすすめば、根は畑の土壌環境に適応しながら深くはいり込むが、最初だけは表層域に

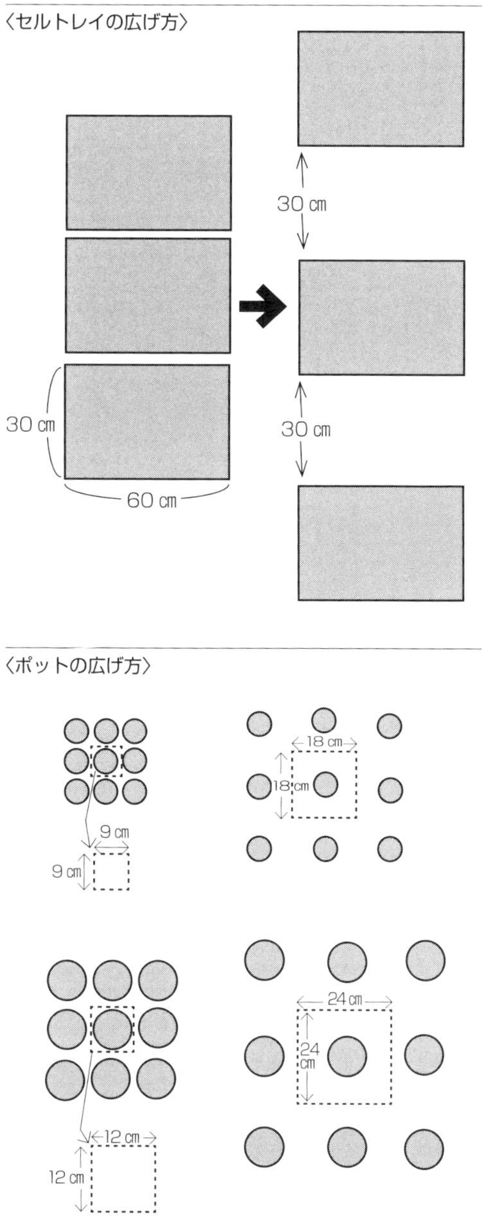

図 2-58　セルトレイとポットの広げ方
広げた状態は定植前や二次育苗開始前の最終段階

根があることが重要なのである。

②ポット苗はうね面よりせり出させる

ポット苗は、根鉢がすっぽり隠れるほど深く植えると、根鉢の下の部分が表層域より深くはいり込み、発根が遅れてスムーズに活着しない。

根鉢とうね面を水平にする植え方は、根鉢の底部が表層域からはずれるおそれがある

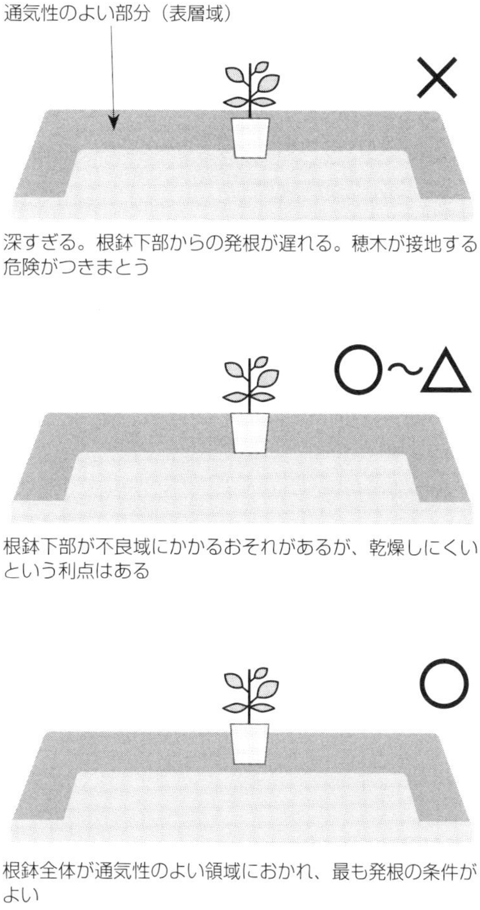

深すぎる。根鉢下部からの発根が遅れる。穂木が接地する危険がつきまとう

根鉢下部が不良域にかかるおそれがあるが、乾燥しにくいという利点はある

図 2-59　ポットはうねより高く植える

が、根鉢が乾燥しにくいという利点がある。土塊が大きくて根鉢の底部も通気性のよい条件にできる畑に限り、この植え方でもいいだろう。

基本技術として取り入れてほしい定植法は、根鉢を 2 cmくらいうね面から上にせり出すやり方である（図 2-59）。

このやり方であれば根鉢全体が通気性のよい領域におかれるので、全体からスムーズな発根が得られる。

なお、イチゴの場合は、果房がスムーズに出てくるように、果房の出る側（親側のランナーの反対側）を下にかたむけて植える。しかし浅植えの原則は変わらず、反対側は 2 cmくらい上にせり出させる（次ページ図 2-60）。

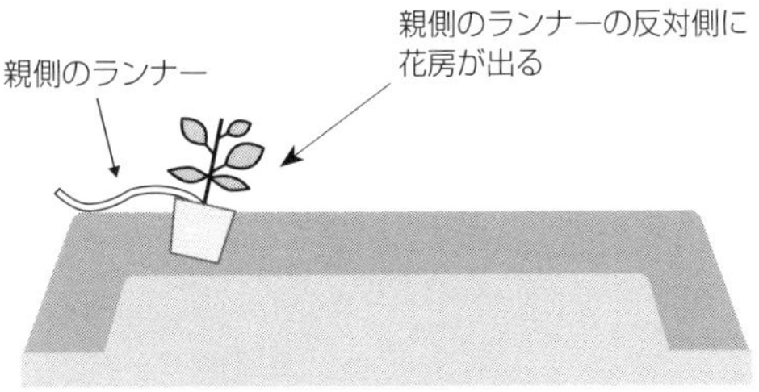

図 2-60　イチゴは花房の出る側を下にかたむけて植える

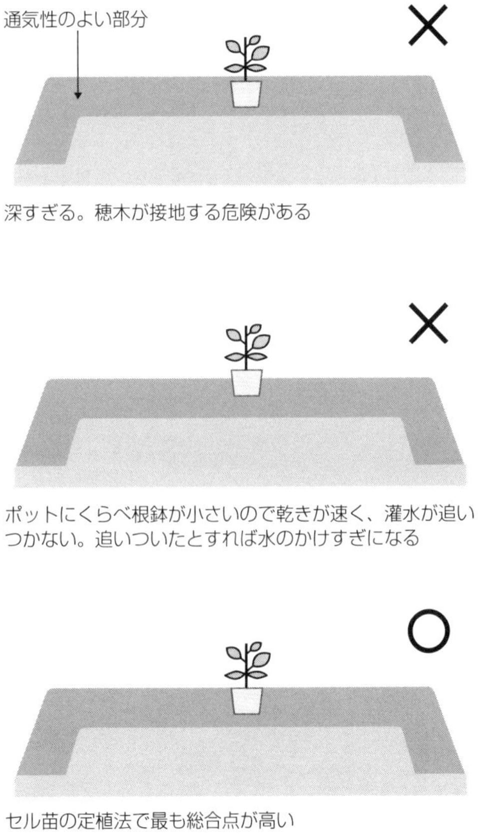

深すぎる。穂木が接地する危険がある
ポットにくらべ根鉢が小さいので乾きが速く、灌水が追いつかない。追いついたとすれば水のかけすぎになる

図 2-61　セル苗はうね面と水平に植える

③セル苗はうね面と水平に植える

根鉢の小さいセル苗は、少々深植えしても、根鉢の底がうねの表層域から下になることはない。したがって、深さを判定する基準がポット苗とちがう。

ポット苗で最も条件のよい、根鉢上部を少しせり出す植え方は、セル苗では避けるべきである。根鉢の小さいセルでは、乾きが早く水かけが追いつかないためである。もし、この植え方で乾燥させずに活着させたとすれば、水のかけすぎである。水はうね内に残っているので、活着後に株の勢いがつきすぎるおそれがある。セル苗の定植法で最も総合点が高いのは、根鉢とうね面を水平にする植え方である（図 2-61）。

なお、水平に植えても、株元への最初の灌水で根鉢とその周囲が少し沈む。植えるときにこれを勘定にいれる必要はなく、定植したときに水平であればよい。

●定植後に押さえてはだめ

定植した後に、株元を押さえる情景をよく目にする。なかなか根強い習慣のようだが、やめたほうがよい。

押さえていいことはなに一つない。悪いことは三つある。

まず、根が切れる。押さえることは、地中で根鉢をこわす行為なので、根鉢をこわせば当然根が切れる。二つ目は、株元の土がしまるので水がしみ込みにくく、定植後数日行なう株元への灌水がやりにくくなる。三つ目は、これから根を出そうとする場所の土がしまるのだから、根も出にくい。こういうことが積み重なって、押さえない場合より活着が遅れ、生育が停滞する。

押さえることは、定植作業の動作をわざわざ一つ増やして悪い結果を招くという、わりに合わない行為なのである。

苗つくりの基本

3 接ぎ木の共通技術

1 接ぎ木の共通技術

接ぎ木の種類と要点

●「居接ぎ」と「あげ接ぎ」

果菜のおもな接ぎ木の種類と、その過程を図 3-1 に示した。

「居《い》接ぎ」は、セルあるいはポットで生育中の台木に接ぎ木する方法である。ナス、トマトの「チューブ接ぎ」、「挿し接ぎ」、ナスの「割り接ぎ」、スイカの「挿し接ぎ」がこれにあたる。

「あげ接ぎ」は、台木を育苗容器から抜い

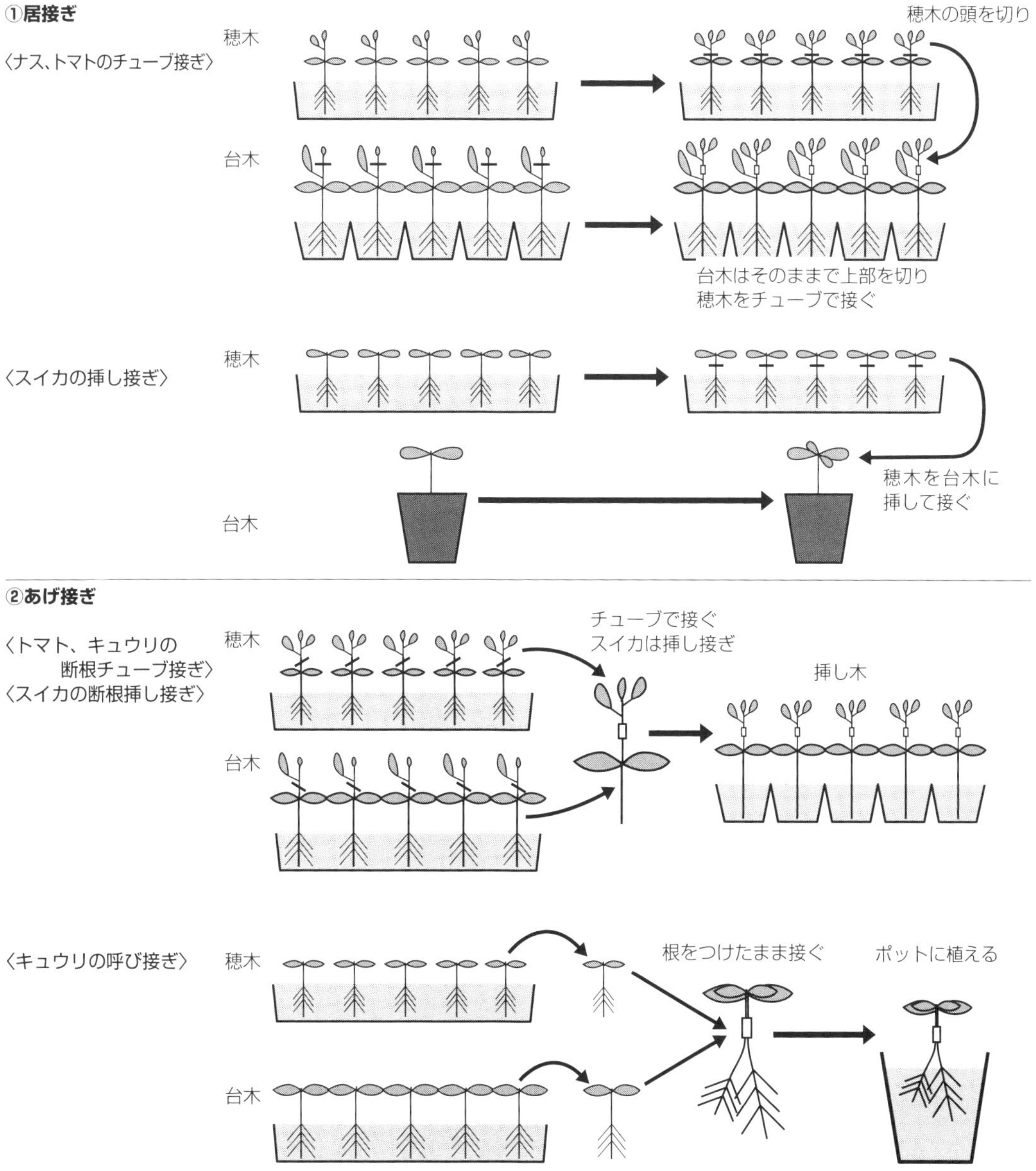

図 3-1　接ぎ木の種類

て接ぐ方法で、断根して台木に根がついていない場合と、ついている場合の二通りがある。断根にはトマト、キュウリの「チューブ接ぎ」とスイカの「断根挿し接ぎ」があり、根つきにはキュウリの「呼び接ぎ」がある。

●居接ぎの台木の鉢上げ・セル上げ

自根苗の鉢上げでは、胚軸をななめに寝かせて植える方法を紹介した。居接ぎの台木にも鉢上げ（スイカ）やセル上げ（ナスとトマト）をする場合があるが、自根苗と同じ方法で植えてはならない。

接ぎ木した果菜を栽培するとき、根は台木のものだけとし、穂木の根を出させないという原則がある。自根苗のように台木の胚軸長が短くなるような植え方をすると、穂木が地面に近づいて根を出す危険が増すためである。それを避けるために、台木は慣行的な方法で鉢上げやセル上げをする。

●接ぎ木方法で馴化の方法もちがう

キュウリの呼び接ぎ以外は、台か穂の片方あるいは両方が切り落とされて接がれる。したがって、キュウリの呼び接ぎと、それ以外の方法では順化の程度が異なる。

呼び接ぎ以外の接ぎ木は、しっかり遮光して比較的長期の順化を行なう。その間、光合成による物質生産はほとんど望めない。そういう条件で発根や傷口の癒合《ゆごう》を行なうので、同化養分が消費される。そのため、接ぎ木する前に同化養分を十分持たせて順化にはいらなければならない。つまり、接ぎ木前の天気に注意が必要である。

これに対し呼び接ぎは、遮光を１日するだけである。それも光合がストップしない程度の軽い遮光である。つまり、接ぎ木前の天気のことを考える必要はない。呼び接ぎはキュウリの苗つくりの項で述べることにし、以下それ以外の接ぎ木について、共通することを述べる。

1 接ぎ木の共通技術
順化に必要な資材と手順

●トンネルと遮光ネット

順化の初期には、遮光だけでなく空気の多湿条件も満たさなければならない。つまり、ポリやビニールで気密性の高いトンネルをつくり昼夜かぶせ続ける（図 3-2)。

トンネル用支柱を立てる
床が網目のベンチなので床にポリを敷く。地床なら不要

トンネルにポリをかぶせる

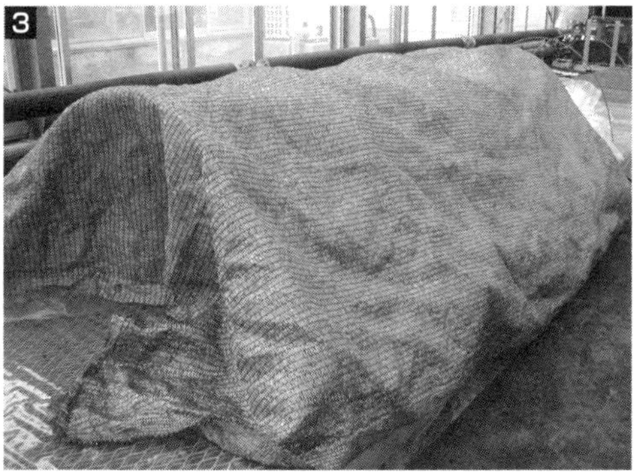

その上に遮光ネットをかぶせて完成
高温期にはハウス自体にも遮光ネットを１枚かぶせる

図 3-2 順化用トンネル

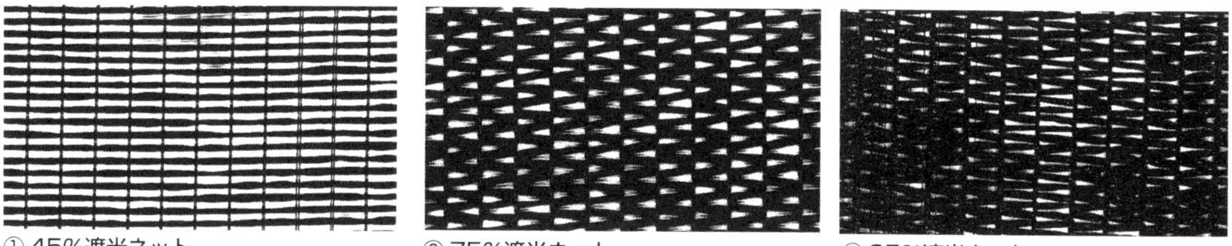

図 3-3　遮光ネットの網目

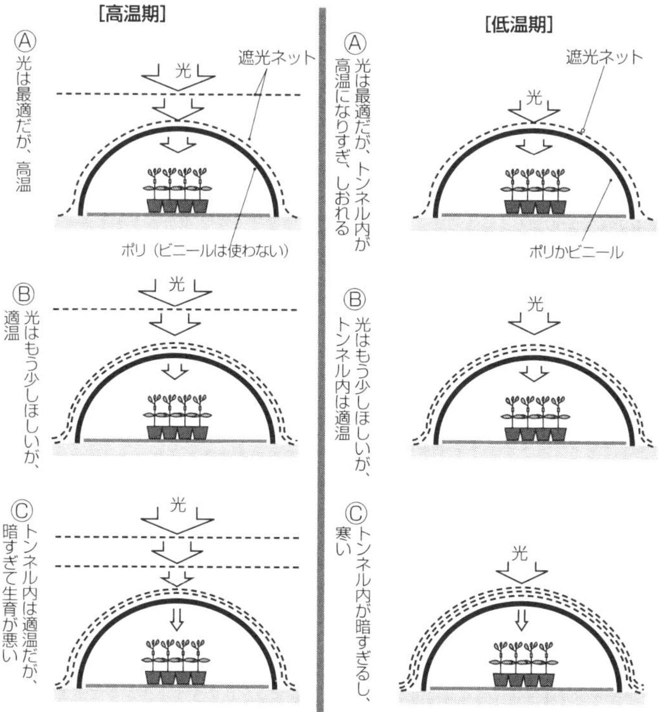

高温期のトンネル内の状態と判断

	機密性	光の強さ	温度	総合
A	○	○	×	×
B	○	△	○	○
C	○	×	○	×

低温期のトンネル内の状態と判断

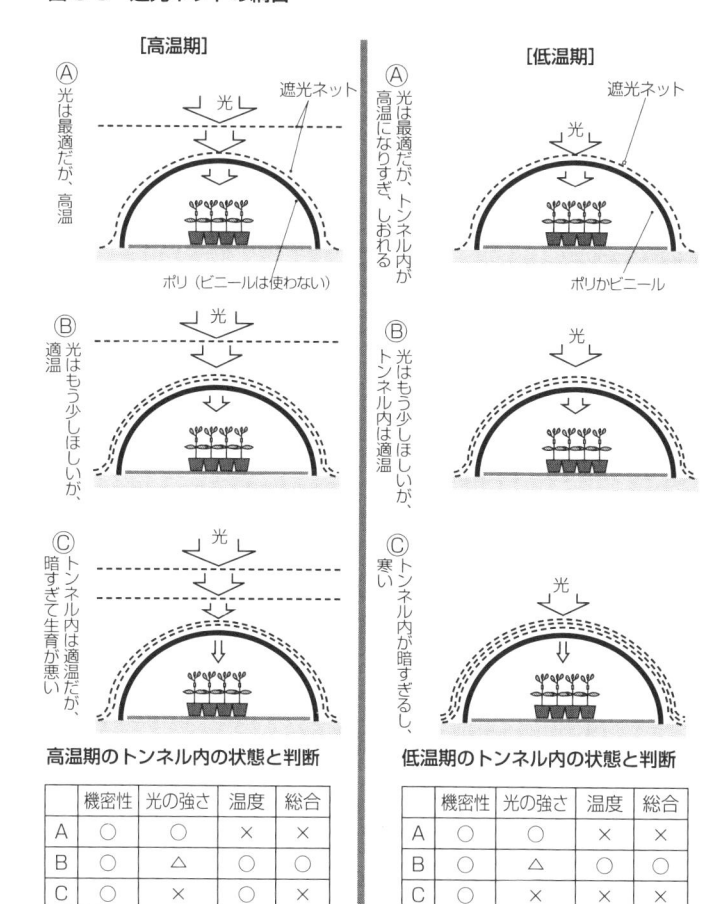

	機密性	光の強さ	温度	総合
A	○	○	×	×
B	○	△	○	○
C	○	×	×	×

図 3-4　順化第一段階の遮光の程度とトンネル内の状態

遮光は、透光率のきわめて低い資材を使えば1種類で順化初期の条件を満たすことが可能である。しかし、透光率の異なる数種類のネットを組み合わせて、段階を追いながらなだらかにならしたほうが安全だし、ネットは、呼び接ぎや自根苗の鉢上げなどにも使える。

したがって、本書では、高温期は遮光率が45%、75%、85%の3種類、低温期は45%、85%の2種類の遮光ネットを使用する順化を紹介する（図3-3）。

遮光ネットは年中使うものであっても、高温期のことを考えて、温度の上がらないシルバー系のものを購入するとよい。黒色でも光を反射するピカピカしたネットならかまわない。

●遮光ネットによるハウス内温度の調節

遮光ネットは、高温期の順化ではハウス内の温度を下げることにも使用したい。その場合は、1枚はハウス全体を覆うとよい。この1枚は順化の後半までかぶせておくことができ、しかもハウスの温度を下げるに充分な75%の遮光ネットを使う。

低温期は、ハウス内を温くしなければならないので、ハウス全体を覆うことはせず、すべてのネットをトンネルの上にかぶせる。

●馴化の第1段階＝トンネル密閉時の温度と遮光の程度

このあと述べるように、順化の第1段階の特徴は、ポリあるいはビニールで密閉することである。そうなるとトンネル内の温度の上がりすぎが心配になる。このことに遮光の程度がからむ。季節を問わず、苗にとって最適の順化照度で密閉すると日中の温度が上がりすぎる。したがって、苗にとってはやや光不足の条件になるが、少し暗い条件で気密性を維持する（図3-4）。

なお、機密性が大事な理由は、空気の湿度

図3-5　ポリで覆ったあとトンネル周囲に水をかけ、ポリと下敷きを密着させ機密性を高める

を高く維持するすることにある。この条件はポリをベタがけすることでも達成できる（ビニールは重いから苗がいびつになる）。そのため、スイカの断根接ぎ木ではトンネルは遮光資材だけで、ポリは苗にベタがけしてもよい。この方法がスイカで可能な理由は、穂木が台木子葉の間にガードされていてポリの圧迫をうけにくいからである。

ポリまたはビニールをかけたあと、横に垂れたすその上に水をかけると気密性が一層高まる（図3-5）。

●高温期の馴化

高温期は苗の蒸散量が多く、また呼吸も盛んなため苗が消耗しやすい。その一方で発根や切り口の癒合なども早いので、きちんと段階を踏んでいい結果を出す（図3-6）。

〔第1段階〕　ハウス天井に75%遮光ネットをかぶせる。トンネルには気密資材としてポリを使い、その上に85%遮光ネット、さらにその上に45%遮光ネットをかぶせる。

〔第2段階〕　遮光資材はそのままで、最も内側にあるポリを取り除く。第1段階と暗さはあまり変わらないが、乾いた空気にふれるということで、苗にとっては大きな環境変化である。

〔第3段階〕　トンネルの外側の45%遮光ネットを取り除く。このネットは再度出番がある。

〔第4段階〕　85%遮光ネットを取り除く。トンネル支柱はそのまま残る。

〔第5段階〕　ハウスにかぶせていた75%遮光ネットを除き、トンネルに45%遮光ネットをかぶせる。なお、この段階からは苗を別

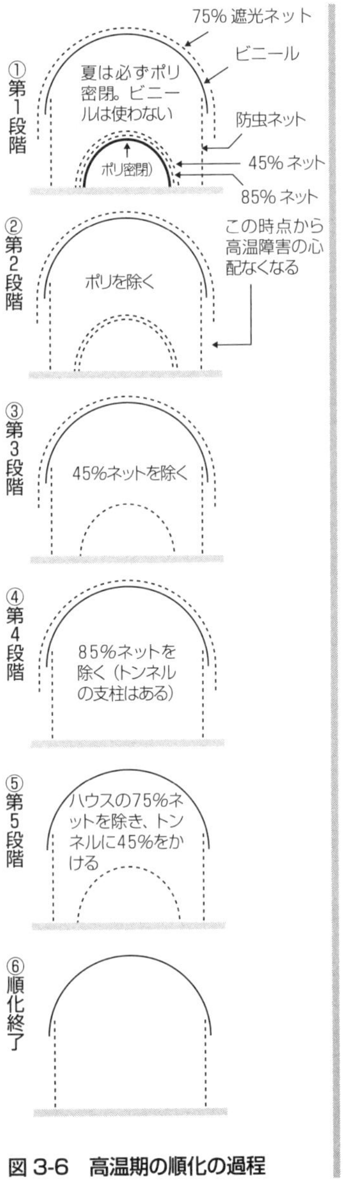

図3-6　高温期の順化の過程

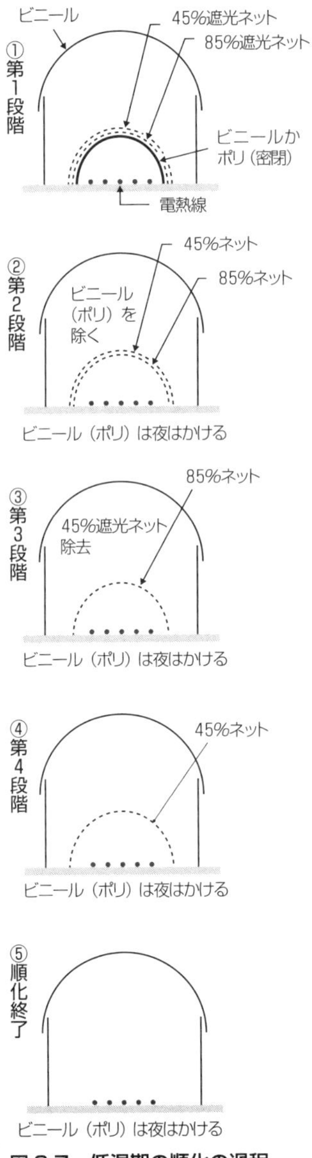

図3-7　低温期の順化の過程

のハウスに移し、せっかく遮光しているハウスは次の苗つくりのためにそのままにする方法もある。

●低温期の馴化

低温期は苗の蒸散量や呼吸量が少ないため消耗しにくい。その一方で発根や切り口の癒合などがおそい。苗の健康な外見にまどわされて、順化を早く切り上げないようにしなければならない。じっくり段階を踏んでいい結果を出す（図 3-7）。

〔第 1 段階〕 トンネルは気密資材としてポリまたはビニールを使い、その上に 85％遮光ネット、さらにその上に 45％遮光ネットをかぶせる。

〔第 2 段階〕 遮光資材はそのままで、最も内側にあるポリまたはビニールを取り除く（夜間は保温のためにかぶせる。以下同じ）。第 1 段階と暗さはあまり変わらないが、乾いた空気に触れるということで、苗にとっては大きな環境変化である。

〔第 3 段階〕 トンネルの外側の 45％遮光ネットを取り除く。このネットは再度出番がある。

〔第 4 段階〕 85％遮光ネットを取り除き、45％遮光ネットをかける。

●順化中の雨天

トンネル上の遮光資材はすべてはぐり、その日の段階をクリアーしたとみる。

以上が大きな準備である。以下、必要になる道具や、ちょっとした注意点などを述べる。

3 接ぎ木の共通技術 カミソリや挿し棒などの道具

●カミソリの準備と使い方

①カミソリの工作

接ぎ木はすべてカミソリを使う。カミソリは両刃で薄手の商品が使いやすい。これを半分に折って片刃にして使うが、さらに使う部分の峰部（刃の反対側）をななめに折って尖らせると使いやすい。

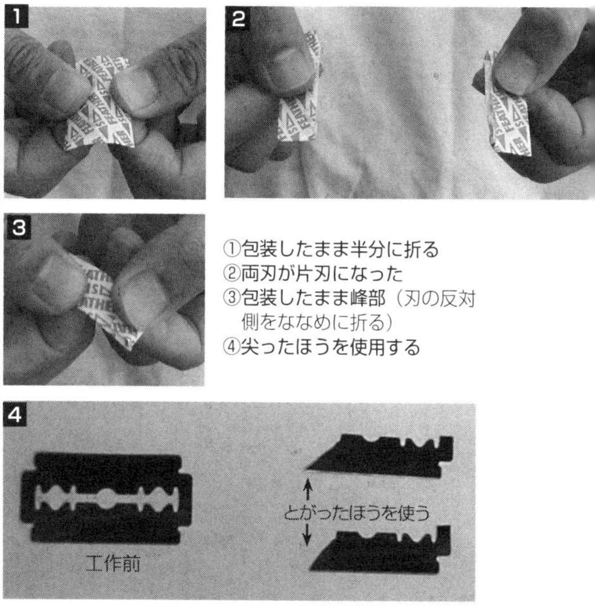

①包装したまま半分に折る
②両刃が片刃になった
③包装したまま峰部（刃の反対側をななめに折る）
④尖ったほうを使用する

図 3-8　カミソリの工作

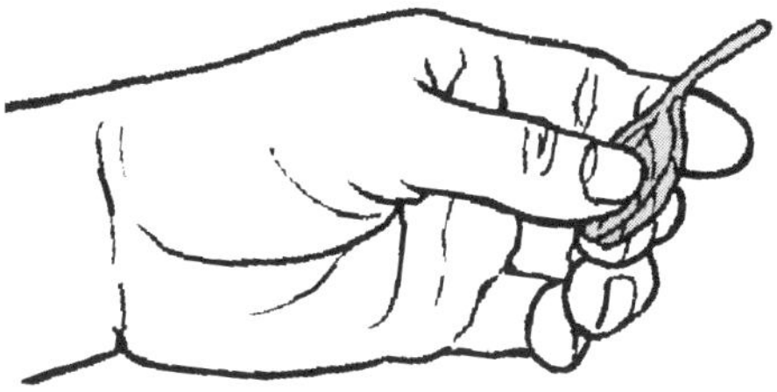

図 3-9　穂木のそぎ方
ひとさし指を下支え兼マナイタにしてそぐ

これらの工作は包装した状態で行なうのが安全である（図 3-8）。

②切れなくなったら交換

カミソリは多数の苗を切るうちにだんだん切れが鈍くなり、表皮（向こう側の表皮）を引きずったりし始める。そうなったら、新しいものと交換したほうがよい。接ぎ木は鋭利な傷口のほうがきれいに癒合する。

③あげ接ぎでの台穂のそぎ方

呼び接ぎ以外のすべての穂木と一部の台木は、切断してとりあげ、カミソリで調整する。調整するときはどの果菜類でも、ひとさし指を下支え兼マナイタとして使えるようになってほしい（図 3-9）。空中での調整はゆれてう

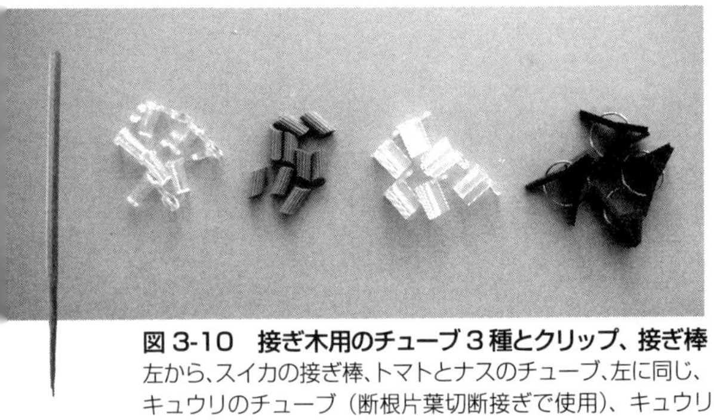

図 3-10　接ぎ木用のチューブ３種とクリップ、接ぎ棒
左から、スイカの接ぎ棒、トマトとナスのチューブ、左に同じ、キュウリのチューブ（断根片葉切断接ぎで使用）、キュウリの呼び接ぎクリップ（断根片葉切断接ぎにも使える）

まくいかないはずだ。持ち方は、ナス類ではとくに注意することはないが、子葉の大きなウリ類の穂は、チョウの羽を折りたたむように子葉を重ねて持つようにする。

●チューブやクリップ、接ぎ棒

図 3-10 の通り。

④ *接ぎ木の共通技術*
接ぎ木時の苗の体内水分と調整方法

●苗は少ない水分状態で接ぐ

苗は、切り口に水が豊富に存在する状態で接ぐよりも、水が少ない状態で接いだほうがしっかり癒合する。そして、水が少ない状態を数十時間持続させられるなら、なおのことよい。しかし、そういう条件を居接ぎでつくることはむずかしい。あげ接ぎでのはなしである。

接ぎ木時には用土が乾き気味のほうがよい。だからといってしおれさせるわけにはいかない。そのため水かけを工夫して、接ぎ木の時間帯に用土がちょうどよい乾きになるよ

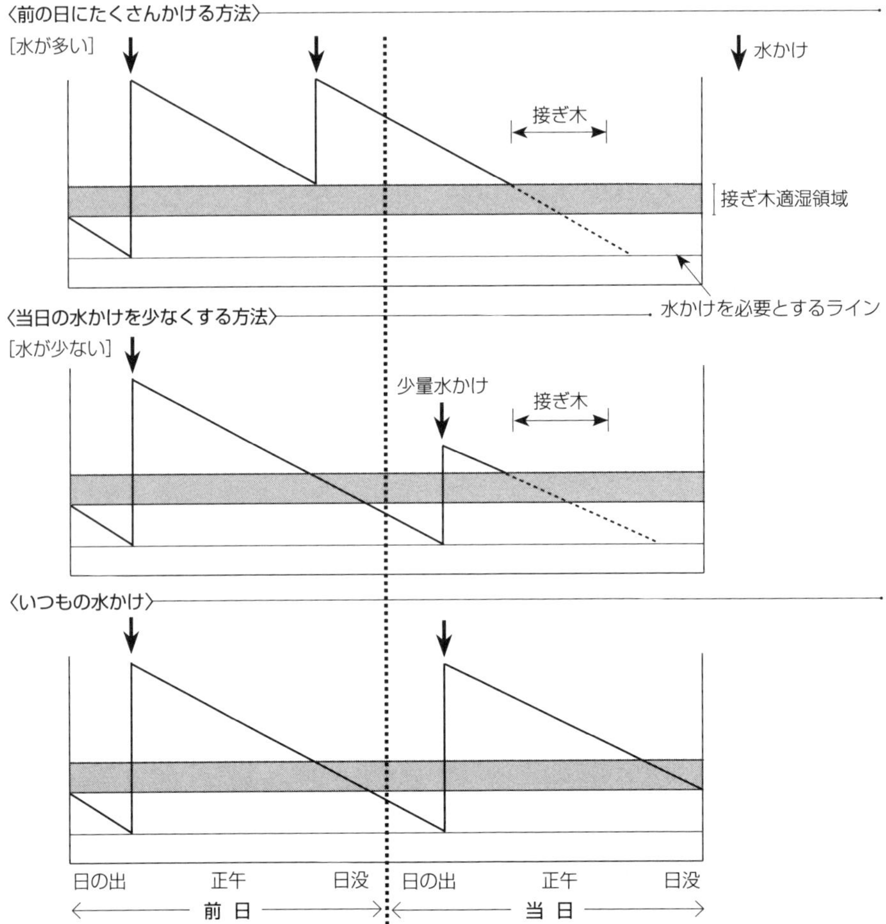

図 3-11　接ぎ木時の水かけ方と用土の乾湿の動き

図 3-12　まき箱をかたむけて強制的に排水

うにもっていくのである。

あげ接ぎは、接ぎ木時の苗はまき箱の中にあるので、水かけの工夫はまき箱に対して行なうが、前の日にたくさん水をかける方法と当日の水かけを少なくする方法とがある（図3-11）。この二つの方法のうち、気にいったほうを選べばよい。ただし、天候の変化で用土の乾きが予定より遅れそうなときや、接ぎ木時間を早めたい都合が起こったときなどには、まき箱をかたむけて強制的に排水してタイミングを調整する（図 3-12）。

●前の日にたくさん水をかける方法

接ぎ木ころの苗は、晴天日はほぼ毎日午前中に水かけをするはずだ（図 3-11 の〈いつもの水かけ〉）。このままだと、用土が接ぎ木にちょうどよい水分状態になるのは夕方である。そうすると、明るいうちに接ぎ木できる時間が限られる。

そこで、前日の午後にもう１回水をかけ、接ぎ木当日の水かけをはぶくことで、午後の早い時刻から用土がちょうどよい乾き（接ぎ木適湿領域）になるようにもっていくのである。

●当日の水かけを少なくする方法

前日は平常通りの水かけをし、当日は平常より少ない量の水をかけるやり方である。このやり方で気をつけることは、まき箱によってかける量がちがわないようにすることと、かける量が少なすぎないようにすることである。かける量が少なすぎると、接ぎ木予定時刻ごろにしおれて、水をかけなければならないという最悪の事態が起こる。

5 接ぎ木の共通技術　同化養分をタップリ持った状態で接ぐ

これは、軽い馴化ですむ呼び接ぎの場合は関係ないが、それ以外の本格的に馴化が必要な接ぎ木では、たいへん重要な要素になる。

●重要なことは接ぎ木前の天候

呼び接ぎ以外の、本格的順化を行なう接ぎ木は、天候の考慮なしに接ぎ木日は決められない。

環境の複合制御ができる順化装置を持っている育苗センターとちがい、自家での苗つくりの順化は、遮光の程度が強く期間も長くなる。その間、癒合や発根などで同化養分を消費するが、苗の光合成は望めず同化養分の生産は絶たれる。

体内の同化養分が多い状態で順化にはいった苗とそうでない苗とでは、消耗具合にはっきり差が出る。このため、接ぎ木時にはできるだけ多くの同化養分が体内に蓄積されているようにもっていかなければならない。

したがって、曇雨天続きのあとは禁物で、晴天のあとに接ぐことが重要である（次ページ図 3-13）。

●１日の中では

１日の中でいうと、朝早く接ぐのはよくない（同化養分の生産が始まる前である）。午前中もよいとはいえない（同化養分の生産が不十分である）。午前中一杯日に当てて午後に接ぐのがよい。

最も望ましいのは、前日も当日も晴天で、午後に接ぐというやり方である。接ぎ木を予定している日の翌日にそういう条件が望めそうなら、苗は少々大きくなるが、予定を変更して条件を満たしたほうがよい。同様に、予定日の１日前に条件がそろいそうなら、苗が少々小さくても接ぐぐらいの心がまえが必要である。

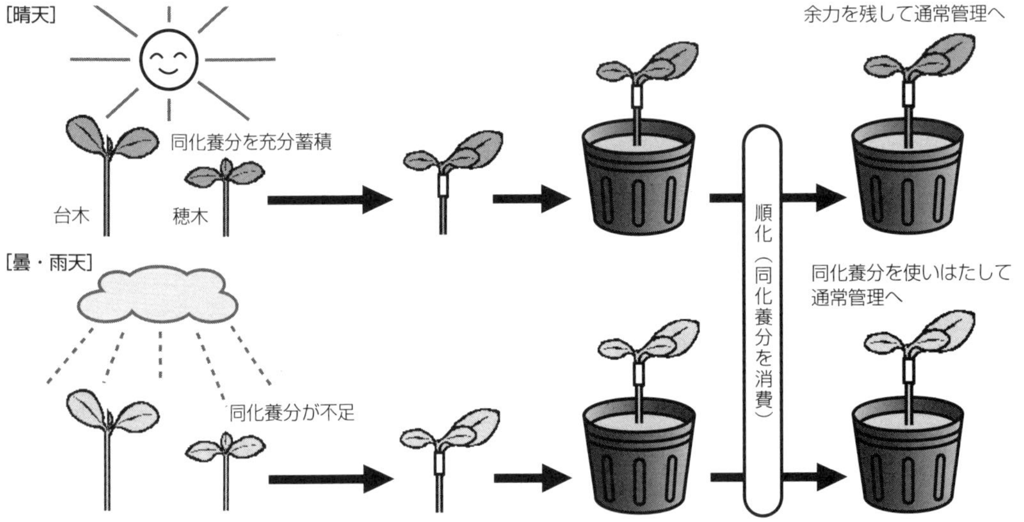

図 3-13　接ぎ木前の天候と順化終了時の苗の状態

●どうしても晴天日がないとき

一方、天候不順や苗の大きさの都合で、どうしても条件が整わないなかで接がなければならない場合もあるだろう。そういうときには天気予報に注意して、1時間でも2時間でもとにかく光線を最も長く受ける時間帯を選んで接ぐことが大切であり、そういう配慮しない場合とは確実にちがいが出る。

なお、光線を充分に受けずに順化せざるを得なかった苗については、順化中にわずかではあるが、光線に当てる方法がある。62ページで紹介する。

●同化養分を消耗させるもう一つのうっかり

接ぎ木直前までに同化養分を十分蓄積した丈夫な苗は、当然肥料が効いていて葉色も濃いが、この肥効をさらに後押ししようとして接ぎ木直前に施肥してはいけない。

接ぎ木時に肥料が効いているという意味は、窒素の多くがすでに同化されて有機態になっているということであり、硝酸やアンモニアなどの無機態窒素が体内に多量に存在している状態をさしているのではない。そういう状態で接ぎ木すると、これらの窒素の同化のために蓄えていた同化養分をまわさなければならないので、少々肥料切れで接ぎ木したものより苗の消耗がすすむことがある。

だから、接ぎ木よりできるだけ前に肥料は吸収させておかなければならない。しかし、うかうかしていると施肥の機会をのがしかねないのだ。施肥の項（35ページ）で述べたタネまき時の液肥施用をあらためてすすめたい。

6　*接ぎ木の共通技術*　断根接ぎ木苗

●すぐ挿さず1日おいて挿す

断根接ぎ木苗は、接ぎ木後すぐに挿す必要はない。むしろ、1日おいて挿すくらいのほうがよい。そうすることで次のようなよい点がある。

①切り口にしばらく水が供給されないので傷口が早くふさがる（器官や組織がつながるのはまだ先である）

②挿すときには切った部分の傷はすでにふさがっているので、最初から大粒の葉水ができる

③挿し木の準備は接ぎ木後にすればよい

1日おいておくためには、接ぎ木のときにザルを準備して、それにポリ（有孔ポリでも可）を敷き、接ぎ木苗を次つぎに入れていく。一杯になったら苗を霧吹きで軽くぬらし（霜がおりた感じのぬれ）、ポリで覆って乾かな

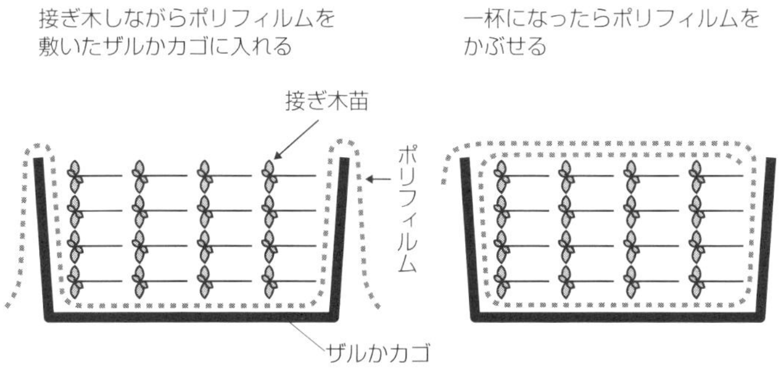

1日おいたトマト苗

図3-14　断根接ぎ木では、接ぎながらカゴに入れ1日おいて挿す

用土をつめたセルトレイにジョウロの口を上向けて水をかける

挿しやすいようにハシで2～3㎝の穴をあける。ななめに挿すのでハシもななめに挿す

体内の水分不足ですぐ立てない苗があるので、いっそ全部ななめに挿す

挿し終わったところ。同一方向にななめに挿しておくと、立ち上がるときに苗同士が引っかかったりせずきれいに立つ

ジョウロでサッと葉水する

図3-15　断根接ぎ木での挿し木の手順（トマトの例）

いようにして、屋内に置いて高温あるいは低温にあわないようにする（図3-14）。

翌日、ザルを小脇に抱えて挿し木する。

なお、挿すまではいったん大きな容器につめておき、挿すときになって小さな容器に分けるというやり方も考えられるが、この方法をとると苗を動かす場面が1回増えるため、衝撃により台と穂が離れる機会も増える。やはり、挿し木するときに抱える容器に最初からつめるのがよいだろう。

●挿し木するときの天候や時刻

この断根接ぎ木法では、挿し木するときの天候や時刻について、従来の育苗に対する考え方を変えることをすすめたい。

育苗の諸作業のほとんどが、晴天日の午前中に行なうのがよいとされている。しかし、断根接ぎ木苗の挿し木は曇雨天の日に行なうほうがよい。また、晴天日であれば、夕方光が弱くなってから行なうのがよい。

その理由は、断根接ぎ木苗はしおれグセをつけないという管理目標があるが、しおれグセは挿し木の日に最もつきやすいためである。その対策として、挿し木が終わったら葉水をするが、光が強いと挿し木の途中でしおれさせてしまうのである。

●失敗しない挿し木の手順とポイント

夏季は遮光ネットがかかったハウス内の仕事になる。挿し木の手順は前ページ図3-15に示した。

①セルにつめた用土に水をかける

②ハシで苗を挿す穴をあける。苗はななめに挿し込む（図3-16）ので、穴はななめにつける（すべて同じ方向にする）

③苗を挿す

苗は、セルトレイの端から、同じ方向に折り重なるように挿す。こうしておけば、起き上がるときに絡み合うことなく、いっせいに起きあがる。

④トンネル支柱内にならべて、ジョウロかハス口でサッと葉水を打つ。セルトレイのない場所もぬらし、トンネル内の高湿度に役立たせる

⑤トンネルにポリをかぶせ、すそににも水をかけて気密性をはかる（50ページ図3-5参照）。

⑥ポリの上に遮光ネットをかぶせる。

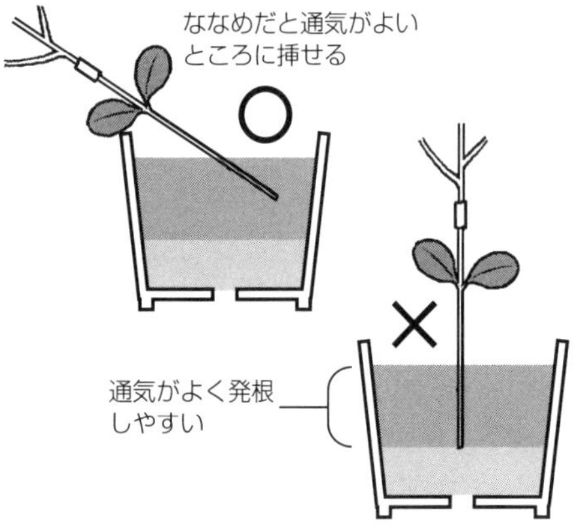

図3-16　接いだ苗は同じ方向にななめに挿す

7 接ぎ木の共通技術
断根接ぎは葉水、居接ぎは噴霧によるぬらし

順化中、しおれさせないために葉をぬらす。ぬらす器具には噴霧器、ジョウロ、ハス口とあるが、できればジョウロかハス口を使いたいところである。水滴が大きいので、朝1回やれば最も日照が強い時間帯までもってくれる。そして夕方に向かって露は乾く。ぬれっぱなしではないこの経過が苗をならす。

しかし、居接ぎの場合、接ぎ木後2日間は噴霧器を使わざるを得ない（苗が少なければ霧吹きでもよい）。居接ぎは傷口に水が多い状態で接いでいるので、傷がふさがるのに2日はみる必要がある。その間は大粒の水滴による衝撃と、傷口のさらなるぬれを防ぎたいからである。

これに対し断根接ぎは、接ぐときの水切り効果と、接いで1日置いた効果で、挿すとき

表3-1　居接ぎと断根接ぎの順化中の葉水

		接ぎ木当日 断根は挿し木当日	2日目	3日目以降
居接ぎ	接ぎ木時の状態 傷口に水が多い状態で接ぎ木しているので、傷口がふさがっていない（引き続き水が多い状態なので、ふさがるのに2日は必要	小緩衝・小水滴（すぐ乾く）で葉をぬらす。噴霧器で2～3回行なう	1日目と同じ	ジョウロかハス口を使い大粒の水滴（1日乾かない）で濡らす（＝葉水）
断根接ぎ	挿し木時の状態 傷口に水が少ない状態で接ぎ木し、さらに1日保管しているので、傷口はふさがっている	ジョウロかハス口を使い大粒の水滴（1日乾かない）でぬらす（=葉水） 朝1回		*ジョウロとハス口でぬらすのがいわゆる葉水であり、サッとぬらす。

注）スイカの場合、居接ぎはしおれにくいので、これほど葉をぬらす必要はない。
断根接ぎした場合も、ポリのベタがけすれば、葉をぬらす（＝葉水）のは1日目だけである。

にはすでに傷がふさがっており、最初からジョウロやハス口が使える（表3-1）。

8 接ぎ木の共通技術
断根接ぎの挿し木前の苗を購入して苗をつくる

前述したように断根接ぎ木苗は、接いで1日たったときに挿すのがベストである。しかし猶予期間はあと数日ある。この方式は、その猶予期間を利用するとともに、箱内を切り口の癒合に都合のいい環境にして運ぶことで、流通中により癒合をすすめることを目的にしている（図3-17）。

この方式は1995年に筆者が開発したが、各地で本方式での苗販売が始まっているようである。

●いつ挿すか

猶予期間とは、暗黒あるいはそれに近い環境の箱の中に置いておける日数ということである。おおよその目安は、普通期から高温期にかけては接いでから3日以内、低温期なら4日以内というところである。

ただしこの猶予期間は、苗が十分日に当たった後に接ぎ木された場合の日数であり、そうでないときは、接ぎ木から1日たったらできるだけ早く挿すようにしなければならない。このため購入するとき、いつ接がれた苗かを確認することはもちろん、接ぎ木前の天候の確認もないがしろにできない。

●挿すまでの箱の保管

この方式の苗は、箱につめられて届けられる。つまり苗が見えないために、受け取った後、苗を取り扱う意識がうっかり希薄になって、適切でない場所に長時間置いてしまうことがある。とくに箱内の温度への影響に気をつける必要がある。

普通期から高温期にかけては、高温による苗の消耗に注意する。このため直射光の当たる場所に保管してはいけない。ただし、真っ暗な場所に置くのもいいことではない。というのは、発泡スチロール製の箱が使われることが多く、密封してもいくらか光を通す。苗の消耗をおさえるには、微光ではあっても光があったほうがよい。このため、直射光は避けなければならないが、明るい場所に置いてやるのがよい。もちろん涼しい場所だ。

図3-17　流通している断根接ぎの挿し木苗
実際はもっと大きな箱で流通している

低温期は、温度が下がりすぎないように注意しなければならない。夜の戸外に置くようなことは絶対に避ける。屋内でも大丈夫とはいえない。屋内でも朝方はかなり寒いものだ。考え方とすれば、その果菜の管理温度よりは下がらないようにすることである。

したがって、その果菜の管理温度で加温装置を作動状態にしたハウス内に置くのが最も理にかなっている。この場合、昼間は箱にシートをかぶせて直射光は避ける。

挿し木した後は、自家の断根接ぎ木苗のつくり方に準ずる。

苗つくりの基本 4

苗つくりについてのQ&A

？まき箱の表面に新聞紙をかける人が多いが

タネまきした後、覆土の上に新聞紙をかける人が多いようだ（図4-1）。これはまき床の温度が上がりすぎないようにすることと、乾くのを防ぐのが目的である。だから高温期のタネまきではぜひ実施するとよい。

しかし、低温期に新聞紙をかけると温度が上がらず、発芽が遅れるので避けるべきである。普通期にもすすめられない。新聞紙かけは、夏にタネまきするときだけの作業である。

図4-1　まき箱にかけた新聞紙

？ゆだんして強くしおれさせたときの対処

つい油断して育苗中の用土を乾かし、強くしおれさせてしまったとき、いつものように端から順次水をかけていくやり方では、全部の苗に行き着くまでに時間がかかり、その間に葉の組織の脱水が進んで壊死を起こさせてしまうことがある。

こういうときには、まず全体の苗に手早く葉水をし、そのあとでいつものような水かけをすると、ダメージを軽くすることができる。

？水がしみ込まなくなった用土への対処

育苗用土は、使われている資材によっては、いったん乾かすと水を弾く撥水性が強まり、水をかけても表面をすべってしみ込まなくなる。以前はモミガラ燻炭で時おりみられたが、近年はピートを多量に使うセル用土でみられる。袋から出したばかりのものはそういうことは起こらないが、セルにつめるのが早すぎ、使用するまでに乾かしてしまうと起こる。

早くつめた場合は、使用前に水をかけて確かめたほうがよい。タネをまいたり、鉢上げした後で判明しても手の打ちようがない。水を弾くようであれば用土をセルから出し、用土の容量の20％くらいの水を加えて混ぜ合わせた後、セルにつめなおすと親水性がもどる。なかなかたいへんな作業であるが、やらざるを得ない。

そういう事態を避けるには、用土を早くつめた場合、使用するまでに時どき水をかけて一定の湿りを維持すればよい。

？ポット苗の持ち方

苗を移動するとき、片手で持つことができれば非常に能率が上がる。しかし、片手で持つときは上部の縁を握ってぶら下げる形になり、ポット内の土がかたよってすき間ができる（図4-2）。土にすき間ができると、水かけしたとき均等に湿らなくなってしまう。ポットは両手でていねいに持つべきである（図4-3）。とくに水かけ直後に片手でぶら下げると、土は変形しやすい状態にあるので極端なかたよりができる。

図4-2
鉢の縁を片手で持つと、土と鉢の間にすき間ができる

図4-3
鉢は写真のように両手で持つことが基本

? 苗は水平に置いて育てる

セル苗もポット苗も水平に置いて育てなければならない。かたむいていると容器内に水のたまる場所ができ、苗の生育の不ぞろいとなってあらわれる（図 4-4）。素材自体が水を吸収して、水のたまりを解消する素焼き鉢などと同じような感覚ではいけない。

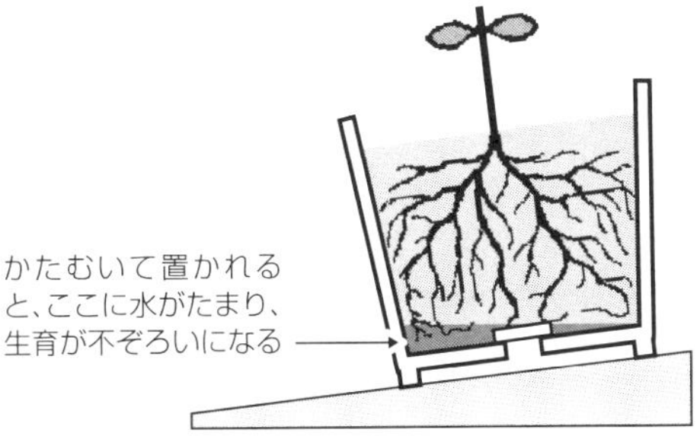

図 4-4　ポットは水平に置く

? 支柱を苗に合わせるのではなく、苗を支柱にしたがわせる

支柱は真っすぐに立てなければならない。そうすることで苗の倒れを防ぐだけでなく、苗の姿をよくする。少々クセがついて曲がった苗があったとしても、支柱は苗の姿勢に合わせるのではなく、まっすぐに立てて、苗をそれに合わせる（図 4-5）。株が若いのだから矯正はきく。

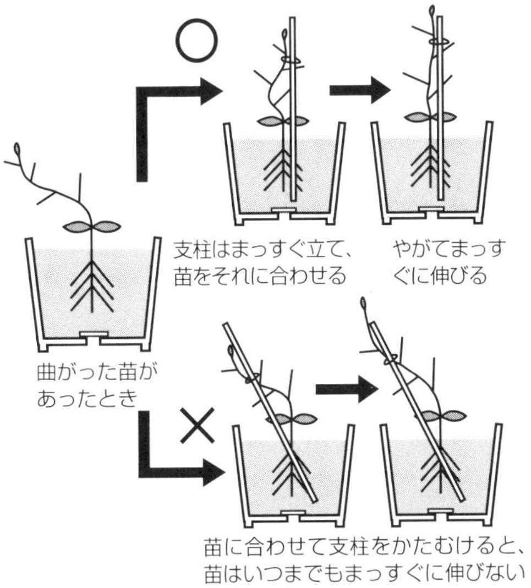

図 4-5　支柱はまっすぐ立て、苗をそれに合わせる

? ポット苗の内側と外側の入れ替えができなかったっとき

外側の苗と内側の苗は区分して定植し、外側の苗には内側の苗より水を多くかけるなど、少しゆるめの管理をして早めに生育をそろえることが必要である。

? セル苗を期日に定植や移植できないとき

なんらかの都合で、予定した日より数日遅れる場合、そのままにしておくと込み合い、おもにトレイの内側の苗が徒長してしまう。

これを防ぐにはトレイ中の苗の半分を別のトレイに移して、込み合いを解消してやると

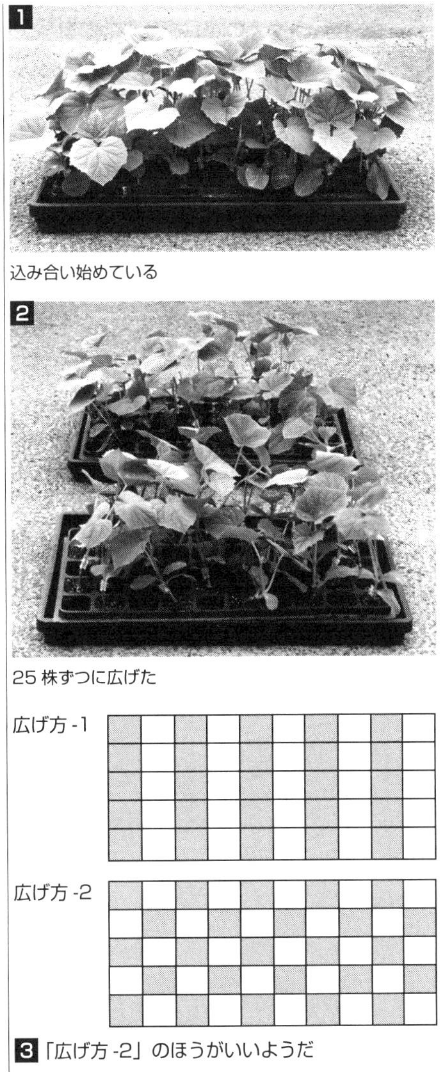

込み合い始めている

25 株ずつに広げた

3「広げ方 -2」のほうがいいようだ

図 4-6　込み合ったセル苗を広げる

よい（前ページ図4-6)。何もしないものにくらべ3～4日は、定植や移植の適期幅を延長することができる。わずかな日数のように思えるが、込み合った状態でのセル苗の劣化の早さを考えると、決してむだな処置ではない。移すときは、せっかくだから内側にあった苗は外側に、外側にあった苗は内側にするといいだろう。

この対策には、購入するセルトレイと同じ枚数のセルトレイを準備しておく必要があるが、何年も使えることを考えるとたいした出費にはならない。

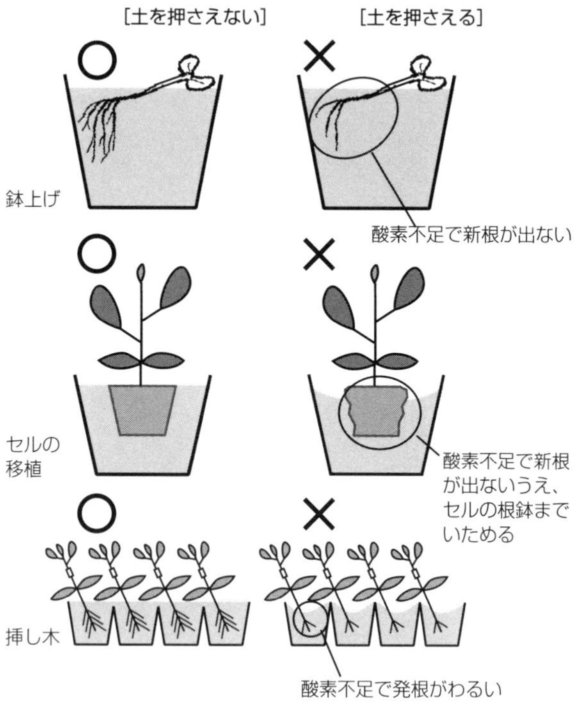

図4-7　鉢上げ、セルの移植、挿し木とも右のように土を押さえるとダメ

購入セル苗を受け取ったら

苗が届いたら一にも二にも、まずは水をかけることになる。この場合、たんに水ではなく液肥をかけることをすすめたい。

セル苗供給側では、用土が持っている肥料分に期待して追肥はあまり行なわれないようだ。このため注文した苗が届くころには、肥料切れのきざしをみせていることが多い。そういう苗は、施肥せずにそのままにしておくと急速に老化に向かう。セル苗とはそういうものであり、1～2日の時間の流れを軽くみるわけにはいかない。

液肥は硝酸態窒素を主体に含むものを使い、500倍くらいの濃度でたっぷり与える。うっかり水をかけてしまっても、その上から液肥をやればいいだろう。用土中の水が押し出されて液肥に置きかわってくれる。

鉢上げや移植、挿し木のとき土を押さえてはダメ

鉢上げや移植、挿し木をしたとき、土と根や茎の密着さが気になり、土を押さえる方がいるかもしれない。

しかし、これは害こそあれいいことはなにもない。押さえると土のすき間がなくなるので通気性が悪くなる。通気性が悪いと新根が出ないので、ふわりとした環境におくことが大切である（図4-7)。

ポットの底から根が出てしまった

苗床の断熱材としてモミガラや砂などを敷いているときは、ポットの底から出た根がそこではびこって根群をつくることがある。ポットの外で根群をつくると、ポット内には少数の根しか張らない。定植するときにポットを持ち上げてはじめて気づく。外の根群はポットの底の穴を通らないくらい大きくなっていることが多く、結局、切らざるを得ない。ポット内に残った根では用土を抱えきれないので、定植日を大幅に遅らせるしかない。

こういう事態を避けるには、定植10日くらい前にポットを持ち上げて、外に出ている根をむしるとよい（図4-8)。根の摘心みたいなものである。

鉢底の穴に敷くネットは

土粒の不均一な自家製の用土なら、ポット

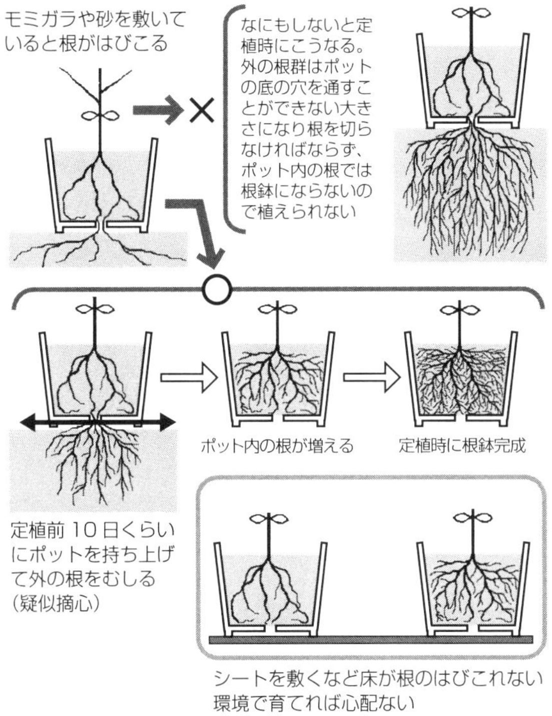

図 4-8　ポットの底から根が出てしまった

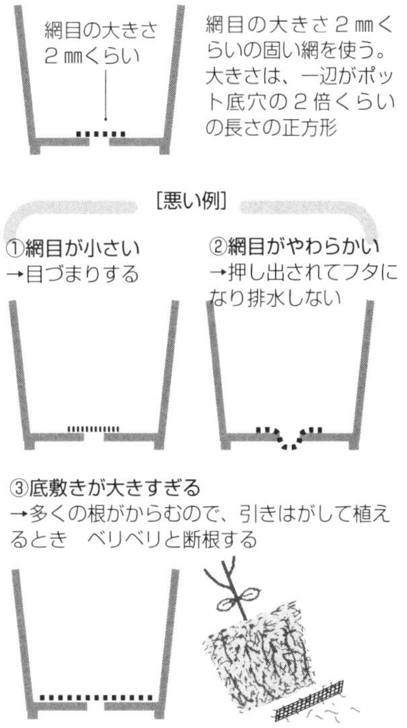

図 4-9　底穴のネットはどんなもよいかのが

の底の穴には何も敷かなくても土がこぼれることはないが、購入用土の場合は網目の底敷きを使うことになる。この場合、網目が小さすぎるものを使うと目づまりするので、2㎜目以上の網を使う。また、網がやわらかいと土の重みで外に押し出されてフタになり、排水ができなくなるので、固い材質のものを使わないといけない。

さらに、底敷きはあまり大きくしないほうがよい。大きいと、定植のとき根鉢から底敷を引きはがすときに、からみついた多くの根を切ることになる。一辺がポットの底穴の2倍くらいの長さの正方形がいいだろう（図4-9）。

? ハウスの一部を使うとき

苗つくりが少量で、苗床の一部しか使わないとき、便利だからといってハウスの出入り口のなど端のほうを使いがちだ。高温期はそれでもいいが、低温期はぜひ中央部を使うべきである。ハウスは中央部ほど温い。

? トンネルの一部をからげて換気するとき

ハウス内は端のほうが寒く、中央部ほど温い。そのためトンネルの一部をからげて換気するときは、ハウスの中央方向をからげる。そうすることで発芽や苗の生育をそろえることができる。ハウスの端側方向をからげるとトンネル内の温度が不公平になる。

? 冬は 10 ～ 11 時に苗のことを思い出す習慣を

苗の高温障害はトンネル内で起こる（次ページ図 4-10）。つまり、夏に高温障害にあわせる失敗はない。夏は日中にトンネルで保温する場面はないし、ハウスのサイドも開いている。高温障害は冬の障害である。

トンネルをはぐるのは、ハウス内の温度が苗の適温に近づく 10 ～ 11 時ころになろう。この時刻にはぐり忘れると高温障害にあわせてしまう。冬の苗つくりでは、なにをしていても 10 ～ 11 時には苗のことを思い出す習慣をつける必要がある。

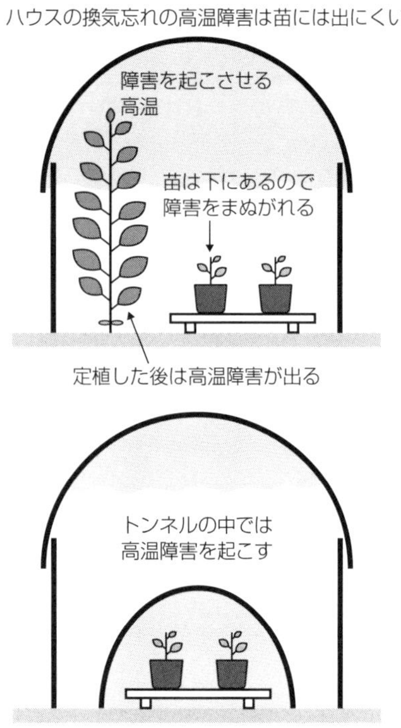

図 4-10　苗の高温障害はハウスよりトンネルで出やすい

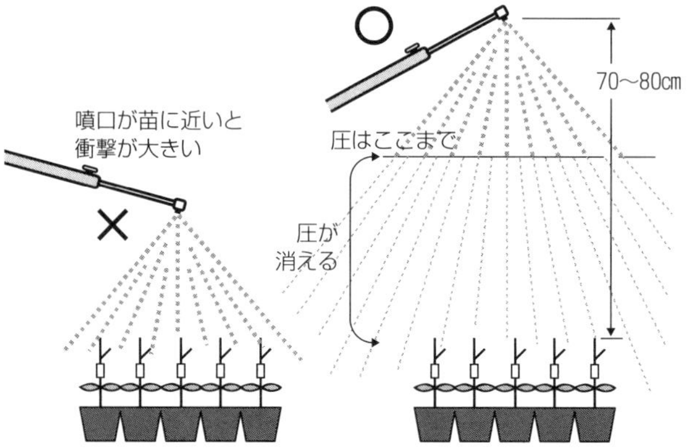

図 4-11　噴霧器は苗から 70 〜 80 ㎝上からかける

? 光線を十分受けずに接ぎ木された苗に、順化中に光線を与える

接ぎ木前の天候に恵まれず同化養分が不足気味で順化にはいった場合、いつもと同じようにしていてはいい苗は望めない。

早朝と夕方のやわらかい光線を苗に当てることにより、できるだけ消耗を防ぐ努力をする。トンネルの遮光資材をはぐって光線に当てるのだが、順化第 1 段階の場合、空中湿度を下げるわけにはいかないのでポリはかぶせたままにする。

光線を当てる時間は、朝は 30 分から 1 時間というところである。周囲に建物がなく早い時間から太陽が当たる苗床では 1 時間、建物や地形の関係で太陽が高くなってから当たるようならば、日射が強いので 30 分というところだろう。夕方も、周囲に建物がなくおそくまで太陽がしずまないところでは、1 時間前からはぐる。建物や地形の関係で太陽がまだ高い状態で隠れるようなら、隠れる 30 分前からはぐる。まちがっても、しおれのきざしがみえるほど処理してはならない。

なお、夕方の処理の後は遮光資材をかぶせなおす必要はない。引き続きはぐったままにしておき、翌朝の光線に当てる処理が終わってからかぶせる。

? 噴霧器で接ぎ木苗の葉をぬらすときの注意

居接ぎの順化初期には噴霧器で葉をぬらす。噴霧器を使う理由は、ジョウロやハス口は水滴が大きいため、落下の衝撃があることと、傷口がぬれやすいためである。ところが苗に噴口を近づけすぎたときの噴霧器の風圧は、ジョウロやハス口の水滴落下よりも衝撃が大きく、ふさがりかけている傷口が開いてしまう。噴霧器で葉をぬらすときは、苗の 70 〜 80 ㎝上から圧の消えた霧を降らせるつもりでやる（図 4-11）。

? 順化中の苗に本調子でない苗が混じっているときの管理

順化中の苗に、癒合がうまくいかなかったために本調子でない苗が混じっている場合、順化の段階や葉水のタイミングをその苗に合わせて行なってはならない。そういうことをすると、大多数の健全な苗をヒョロヒョロにしてしまう。

しかも、本調子でない苗が立ち直るかどうかもわからないのだ。順化は、あくまでも健全な苗にあわせてすすめる。

野菜別　苗つくりの実際

接ぎ木苗

トマト

トマト 1

苗つくりの手順とめざす苗

接ぎ木方法別の苗つくりの手順は図1に示した。

セルトレイは72穴タイプを使う。セルから苗の取り出し適期は、どの接ぎ木法をとっても接ぎ木後20日である。二次育苗する場合、9cmポットは鉢上げ後10日、12cmポットは17日で定植適期になる。

苗の生育のめやすは、セル取り出し適期は本葉が5枚になったころ、9cmポットの定植適期は第1果房の向きがわかるころ、12cmポットでは第1果房が開花したころになる(表1、図2、3、4)。

なお、台木セル上げ法での、セル上げはタネまき後6日目に行なう。そのとき苗は図5の大きさである。

トマト 2

接ぎ木の方法

●どんな接ぎ木方法があるか

トマトの台木には、耐病性のあるトマトを使う。接ぎ木法には、居《い》接ぎとあげ接ぎがあ

表1　トマトの定植適期の苗の大きさ−セル苗は二次育苗開始適期でもある−(単位はcm)

育て方	草丈	葉数	最大葉の位置と大きさ			その他
			位置	長さ	幅	
セル苗	16	5枚	2枚目	13	11	
9cmポット苗	35	9枚	5枚目	24	17	第1花房の向きがわかる
12cmポット苗	55	11枚	6枚目	27	22	第1花果房が開花

作業名	台木セル上げ法の台木まき	穂木まき	台木セル上げ法の台木のセル上げ	穂木	断根接ぎ木苗の挿し木	セル取り出し適期	ポット苗定植適期
日数(穂木まき日を起点)	−2	0	6	15	16	35	45(9cmポット) 52(12cmポット)

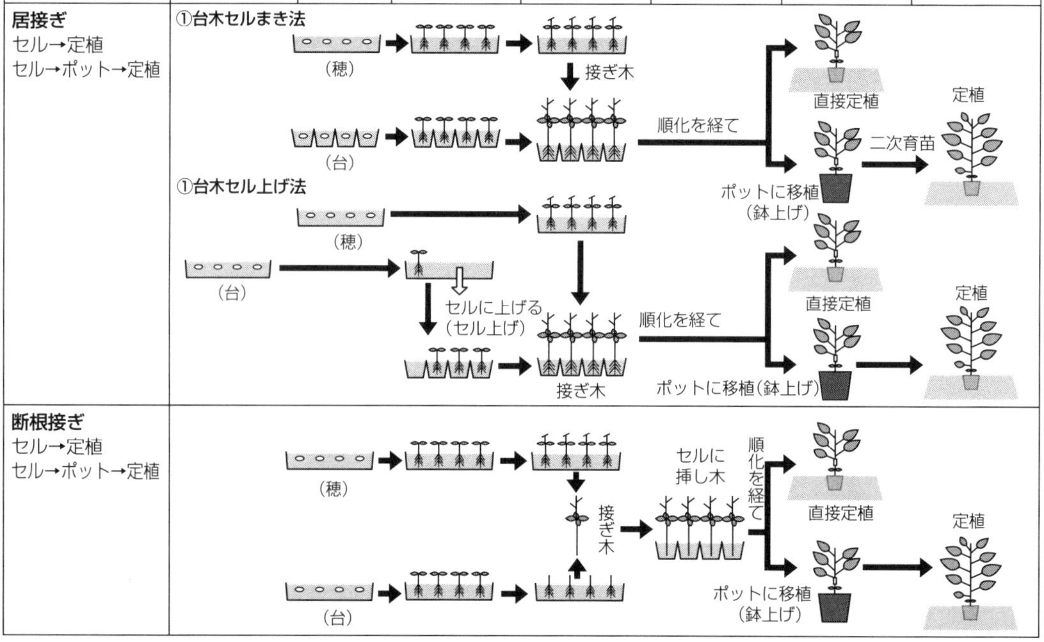

図1　トマトの苗つくりの手順

根鉢ができて取り出し可能な時期になったセル苗
（接ぎ木後 20 日、最大葉長 15 ㎝以内）

9 ㎝ポット苗の定植適期
（花房の方向がわかる時期）

12 ㎝ポット苗の定植適期

図 2　トマトの定植・取り出し適期の苗

① 9 ㎝ポット苗の定植遅れ
（すでに第1花房が開花している）

② 12 ㎝ポット苗の定植遅れ
（すでに第 2 花房が開花している）

図 3　定植遅れのトマトの苗

図 4　トマトの徒長苗

①セル上げ適期の苗

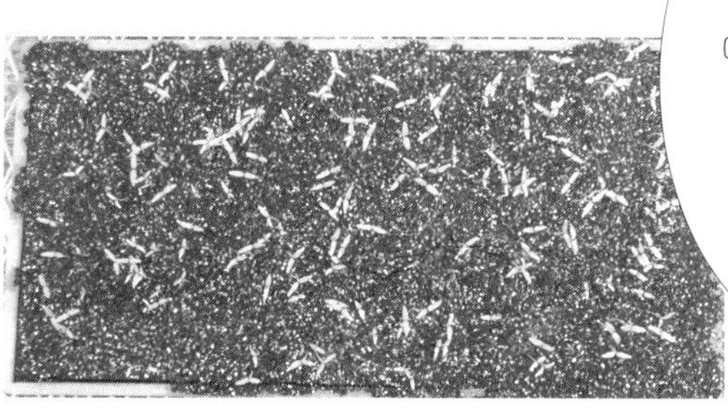

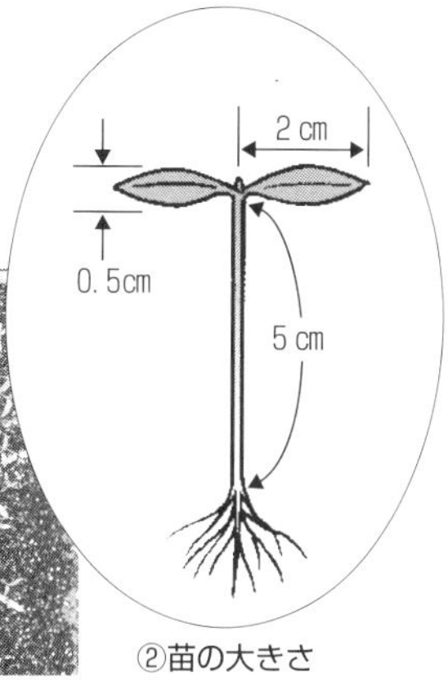

②苗の大きさ

図 5　セルに移植（セル上げ）
するトマトの台木

表２　トマトの接ぎ木法とその特徴

		接ぎ木までの育苗容器	台木の生育のそろい	接ぎ木作業	接ぎ木人員	順化時の葉水作業	定植後の草勢
居接ぎ	台木セルまき法	台木のまき箱が不要	ややバラつく	やや難	二人一組	噴霧器→ハスロ・ジョウロ	おだやか
	台木セル上げ法	台・穂ともまき箱必要	そろえやすい	やや難	二人一組	噴霧器→ハスロ・ジョウロ	おだやか
あげ接ぎ	断根接ぎ	台・穂ともまき箱必要	そろえやすい	容易	一人でできる	ハスロ・ジョウロ	強くなりやすい

注）台穂の固定具はすべてチューブ。すべての接ぎ木とも部屋など苗床以外の場所で作業できる。

①台木（居接ぎの場合は根がある）　②穂木　③接いだ姿（居接ぎの場合は根がある）

図６　トマトの接ぎ木適期の苗と接いだ姿

表３　トマトの接ぎ木時の苗の大きさ
－居接ぎ、断根接ぎ共通－　（単位は㎝）

台木の状態				穂木の状態			
草丈	葉数	最大葉		草丈	葉数	最大葉	
		長さ	幅			長さ	幅
10	３枚	7	5	11	２枚	8	5

注）葉数は展開済みの葉である。以下同じ。

る（表2）。

居接ぎには、台木をセル内に直接まくやり方と、まき箱で発芽させてそろった苗をセル上げするやり方とがある。後者は、トマトは発芽の安定さと苗がそろいにくいが、それを避ける目的で行なわれる。あげ接ぎは台木を断根する。

断根接ぎで出てくる根は強い。そのため、畑に植えた後に草勢が強くなりすぎる心配がある。居接ぎ苗はおだやかである。そこがトマトの居接ぎのよい点である。ただし、断根接ぎ苗でも草勢をなだめることはできる。

●接ぎ木のポイント

トマトの接ぎ木はどの方法も傷口が大きいので、しっかりした順化が必要である。このため、現在ではどの接ぎ方でもセル苗で行ない、集約的に順化する方法がとられている。ポット苗を得るには、セル苗を鉢上げしてポットで二次育苗する。

トマトは台木と穂木を同時にまけば、接ぎ木時の大きさがつり合う。しかし、台木をセル上げする場合は、一時的な生育の停滞が起こるので、台木を２日早まきする。

後述するように、居接ぎは台木も穂木も一定数をまとめて切る。これを一人でしていては、台木か穂木のどちらかの切り口が乾く。乾いたらくっつけても癒合《ゆごう》しない。このため、台木の頭切りと穂木の調整者の二人が必要である。

これに対し、あげ接ぎ（以下、断根接ぎ）は苗を１本ずつ切って接ぐので一人でできる。

●接ぎ木のやり方

穂木まき後、約15日で接ぎ木適期になる。そのときの台木と穂木の大きさ、および接いだ姿は図6、表3の通りである。居接ぎは図7、断根接ぎは、次ページ図8に示した。

●順化と葉水

　順化の方法は48～50ページ参照。

　各段階の日数は表4（69ページ）に示したが、切り口の癒合や発根は、普通期や高温期よりも低温期のほうがおそい。したがって、低温期の順化日数が1日長くなる。

　また、居接ぎと断根接ぎでは、前者が切り口の癒合だけすればいいのに対し、後者はそれに加え発根もしなければならないので1日長くかかる。

右はセルの中の台木、左はまき箱の穂木

台木を45度くらいに切る
このとき、となりでもう一人が穂木を切って調整する

切り口が乾くので、半数の台木を切って接ぐことにした。ベテランは全部1回で接いでしまう

切った台木にチューブを装着

となりの箱から切り取った穂木をはめて接ぐ
奥（先）から手前に接ぐ。手前から接ぐとすでに接いだ穂に腕が接触して穂が落ちる（まず右を接ぎ、終わったら左を接ぐ）

図7　トマトの居接ぎ

接ぎ手の左側に台木、右側に穂木、ザルの中にチューブを配置する

台木を切り取る

株元を手前に持って子葉の上を切り上げる

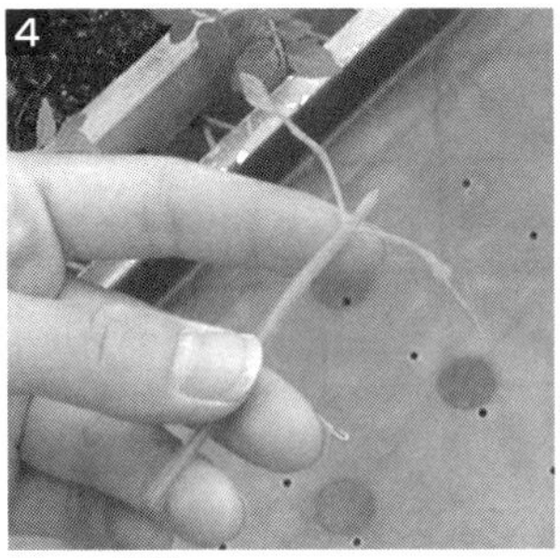

切った状態
切除した先端は穂木と間違いやすいので足下に落とす

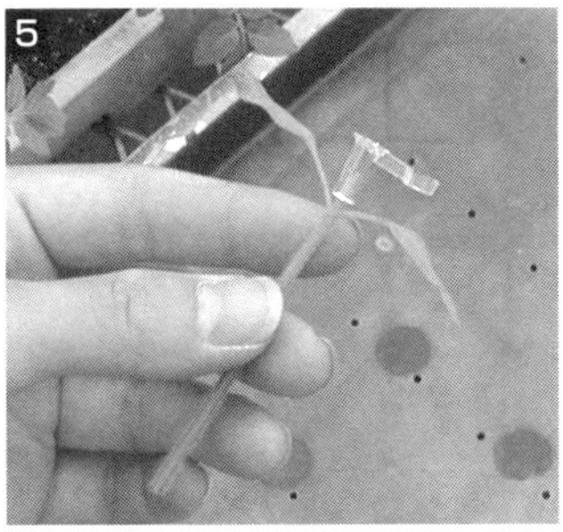

チューブをかぶせる

チューブをかぶせた台木を下に置いて穂木を切り取る

株の頭を手前にして、子葉上部の茎を切り下ろす
切除した部分は台木とまちがいやすいので足下に落とす

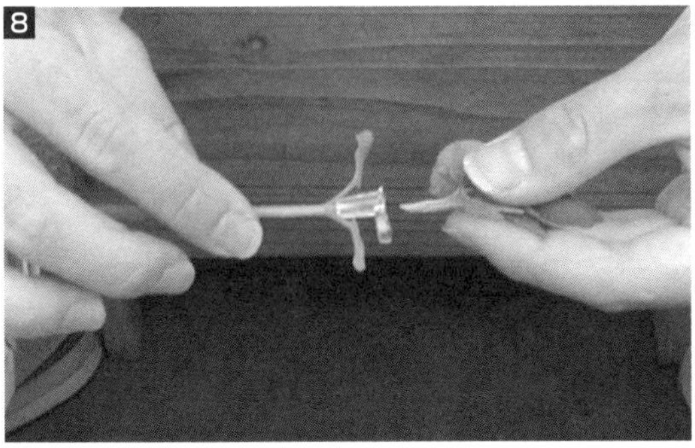

下に置いてあった台木を取り上げて、チューブ内で切り口を合わせる

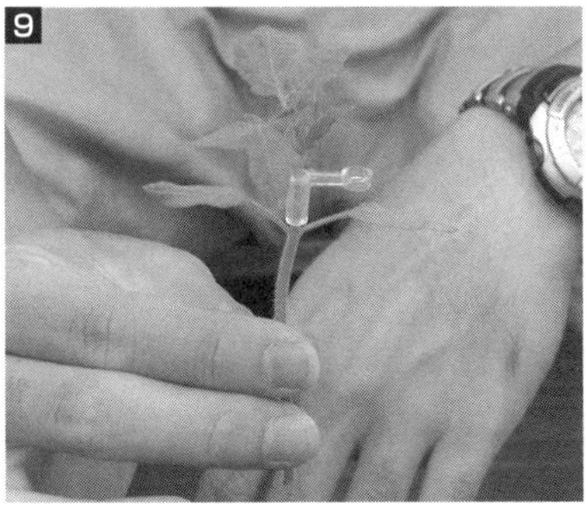

接ぎ木のできあがり

図８　トマトの断根接ぎ（あげ接ぎ）

図９　トマトの苗の液肥施用時期（タネまき後日数）

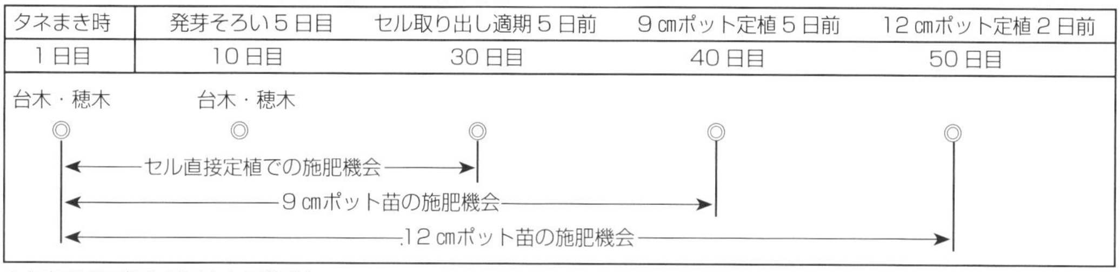

＊タネまき日を１日目として数えた

表４　トマトの順化（居接ぎは接ぎ木後日数、断根接ぎは挿し木後日数）

	接ぎ木法	接ぎ木後の日数、または挿し木後の日数					
		苗保管	第１段階	第２段階	第３段階	第４段階	第５段階
低温期	居接ぎ	−	接ぎ木～４日目	５～６日目	７～８日目	９日目	−
	断根接ぎ	接ぎ木～翌日	挿し木～５日目	６～７日目	８～９日目	10日目	−
普通期～高温期	居接ぎ	−	接ぎ木～４日目	５日目	６日目	７日目	８日目
	断根接ぎ	接ぎ木～翌日	挿し木～５日目	６日目	７日目	８日目	９日目

＊各段階の順化の方法は50ページ参照。
＊接ぎ木日または挿し木日を１日目として数えた。
＊葉水は、第１段階では毎日朝１回（居接ぎは朝夕の２回）、噴霧器で行なう。
その後は各段階に移行する日の朝１回行なう。

トマト３
温度管理と液肥やり

温度管理は表５のように行なう。

液肥やりは図９に示したが、まずタネまき時にやり、その後は10日間隔でやっていく。２回目は発芽がそろって５日目（接ぎ木５日前）くらいにあたるが、接ぎ木まではこの２回である。３回目はセル取り出し適期の５日くらい前くらいで、セル苗の施肥はこの３回である。

二次育苗した場合も引き続き10日間隔でやる。そうすると９㎝ポット苗はあと１回、12㎝ポット苗はあと２回やることになる。

トマト４
失敗しない注意点と対策

[苗の取り出し・定植遅れ] とくにセル苗は注意が必要である。定植準備や二次育苗の準備ができていないときは、半分の苗を別のトレイに移して苗の劣化を避ける。

[徒長] 原因は温度が高すぎるか水のかけすぎである。徒長した苗はまとめて植え、水をひかえ気味にする。

表５　トマト苗の温度管理目標

		タネまき～発芽	発芽後～苗つくり終了まで	参考
低温期	昼間	25～30℃	25～28℃	生育限界は５℃
	夜間	20℃	15～18℃	
普通期～高温期	夜・昼	なりゆき（35℃以上にならないよう注意）		

図10　トマトのわき芽取りは一番上も忘れずに行なう
そのままにしておくと、主枝が押されて曲がってしまう

[わき芽の取り遅れ] 著しく苗の姿を悪くする、とくに最上部のわき芽は主枝の心と競合して、主枝を曲げる（図10）トマトのわき芽は、下の節から上の節に向かって取り上がると、どういうわけか最上部のわき芽をみのがすことが多い。上の節から取り下がるとみのがさない。

接ぎ木苗

ナス

ナス1
苗つくりの手順とめざす苗

接ぎ木方法別の苗つくりの手順は図1に示した。

セルトレイは72穴タイプを使う。接ぎ木後17日で、セルからの取り出し適期がくる。二次育苗する場合は、さらに9㎝ポットは15日、12㎝ポットは37日で定植適期になる。ナスの苗つくりは長丁場である。

苗の生育のめやすは、12㎝ポットでは第1花が開花したときという以外、わかりやすいめやすはなく、苗の大きさで判断することになる。セル取り出し適期は本葉が4枚になったころで、一番大きい葉（一番下の葉）の長さが8㎝くらいの時期である。9㎝ポットの定植適期は本葉が6枚で一番大きい葉（下から4枚目）の長さが22㎝くらいの時期である（表1、図2、3，4，5）。

ナス2
接ぎ木の方法

ナスの接ぎ木も傷口が大きいので、しっかりした順化が必要である。このためセル苗で接ぎ木し集約的に順化するのがよい。ポット苗を得るには、トマトと同じようにセル苗を二次育苗する。

●もっぱら居接ぎが行なわれる

ナスの台木には耐病性のあるナスを使う。耐病性で最も総合点の高い台木は「トルバム・ビガー」という品種である。この品種は接ぎ木するころまでの生育がたいへんのろく、台木としての胚軸や茎の長さを確保するのに苦労する。そのため、接ぎ木後に挿し木できる充分な長さの胚軸を必要とする断根接ぎはむずかしいので、もっぱら居接ぎが行なわれている。

しかも、「トルバム・ビガー」は生育がの

作業名	台木まき	穂木まき	台木セル上げ	接ぎ木	セル取り出し適期	ポット苗定植適期
日数（穂木まき日を起点）	－15	0	3	20	37	52（9㎝ポット） 67（12㎝ポット）
日数（台木まき日を起点）	0	15	18	35	52	67（9㎝ポット） 82（12㎝ポット）

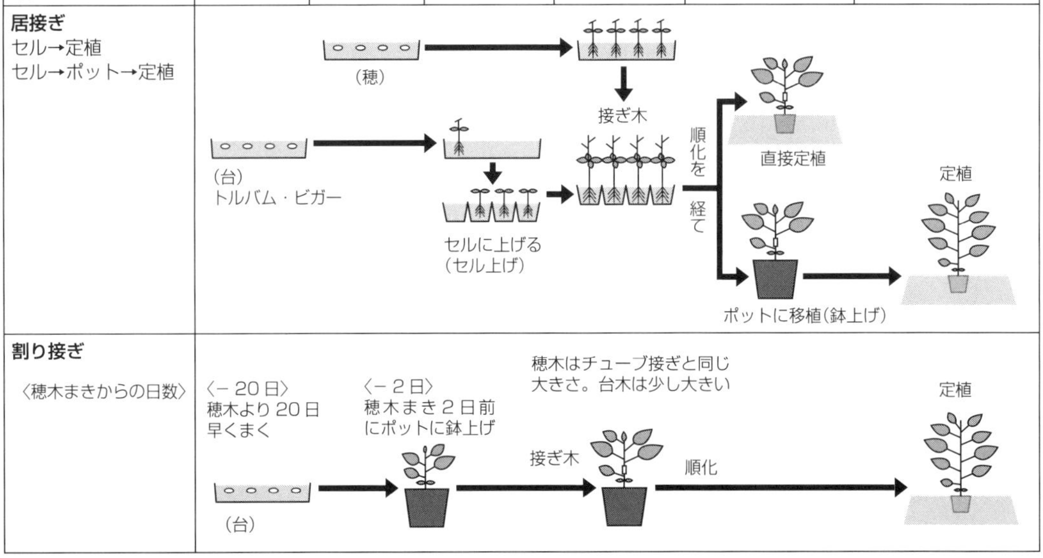

図1　ナスの苗つくりの手順

①セル内での生育の様子

②苗の姿

図2　ナスセル苗の取り出し（二次育苗開始）適期

ろいだけでなく、発芽もいっせいにしないので、セルに直接まくことはできない。まき箱にまいて、そろった苗だけセルに上げる。穂木より15日くらい早くまく。

●台木のセル上げ

台木のセル上げは、タネまき後18日目（穂木まき後3日）ころに行なう。そのとき苗は表2の大きさである。

図3　二次育苗のためポットに移植されたナスのセル苗（左12㎝、右9㎝ポット）

表1　ナスの定植適期の苗の大きさ
－セル苗は二次育苗開始適期でもある－

（単位は㎝）

育て方	草丈	葉数	最大葉		
			位置	長さ	幅
セル苗	7	4枚	1枚目	8	4
9㎝ポット苗	12	6枚	4枚目	22	12
12㎝ポット苗	30	10枚	6枚目	25	15

*12㎝ポット苗は第1花が開花

図4　ナスの9㎝ポット苗の定植適期
このころには台木の葉っぱはない

図5　ナスの12㎝ポット苗の定植適期（第1花開花時）

1 割りバシで深さ２㎝、長さ３㎝くらいの植え穴を掘る

2 まき箱の苗を割りバシで根付きのままはさみ上げる
バラバラの生育の中からそろった大きさの苗だけをセルに上げる

3 苗をセルの穴に入れ、割りバシで軽く土を寄せる
土はしっかり寄せなくても、移植後の水やりで根と土のすき間はうまる

図６　ナス台木のセル上げ（セルへの移植）

表２　ナス台木のセル上げと接ぎ木時の苗の大きさ（単位は㎝）

セル上げ時（穂木は接ぎ木までまき箱の中）								接ぎ木時							
台木の状態				穂木の状態				台木の状態				穂木の状態			
胚軸長	子葉	本葉長		胚軸長	子葉	本葉長		草丈	葉数	最大葉		草丈	葉数	最大葉	
		長さ	幅			長さ	幅			長さ	幅			長さ	幅
0.6～0.7	0.7	0.3	0.3	穂木はまだ発芽していない				4	４枚	6	3	5	２枚	5	3

セル上げの方法は図６に示した。

●接ぎ木のやり方

台木まき後35日、穂木まき後20日で接ぎ木適期になる（図７）。そのときの台木と穂木の大きさ、および接いだ姿は図８の通りである。

接ぎ木の手順は図９に示したが、作業の流れはトマトの居接ぎに準ずる。

●順化と葉水

切り口の癒合や発根は、普通期や高温期よりも低温期のほうがおそい。したがって低温期の順化日数が１日長くなる。葉水は、居接ぎなので接ぎ木日と翌日までは噴霧器を使う（表３）。

●割り接ぎの方法

苗を少ししかつくらないときは、セルトレイは使わず最初からポットで育ててもよい。ポットの場合、接ぎ木のときにとなりの苗にふれる心配がないので、割り接ぎができる。割り接ぎはチューブによる大量育苗が始まるまで、ナスの接ぎ木の主流であった方法で、

①台木トルバム・ビガーの接ぎ木適期

②穂木ナスの接ぎ木適期

図７　接ぎ木適期の苗

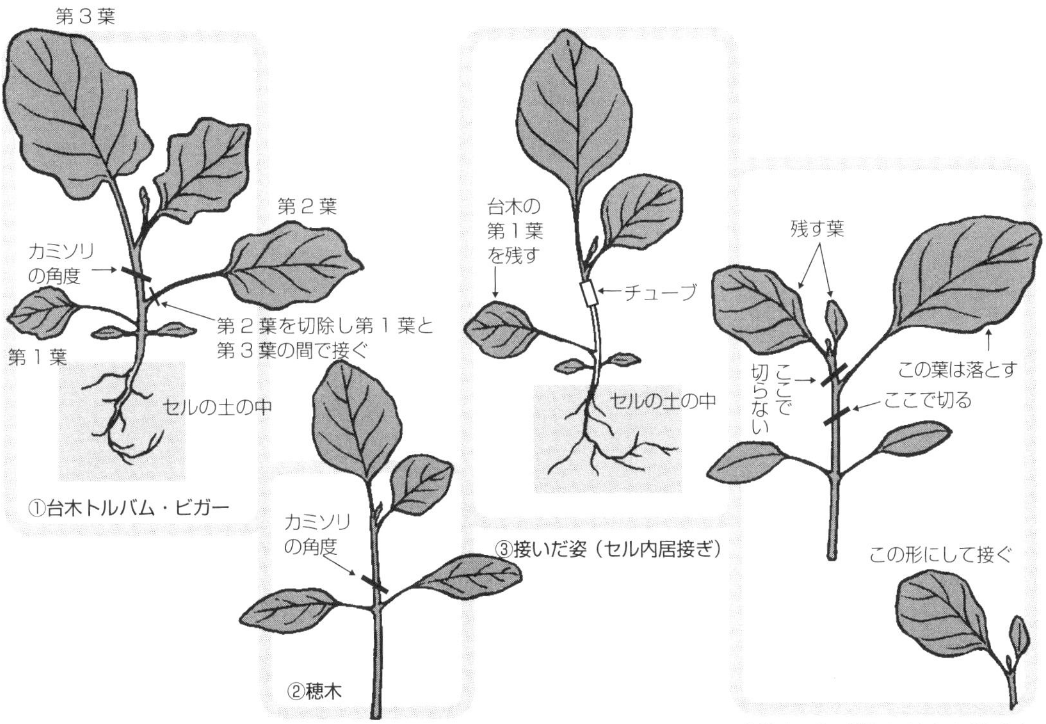

④穂木のナスが大きくなりすぎたとき
上位の２葉を使うが、接ぎやすい茎の長さを確保するため下位葉の茎も利用する

図８　ナスの接ぎ木適期の苗と接いだ姿

右は穂の採取、左は台木の頭切りと接ぎ木をする人

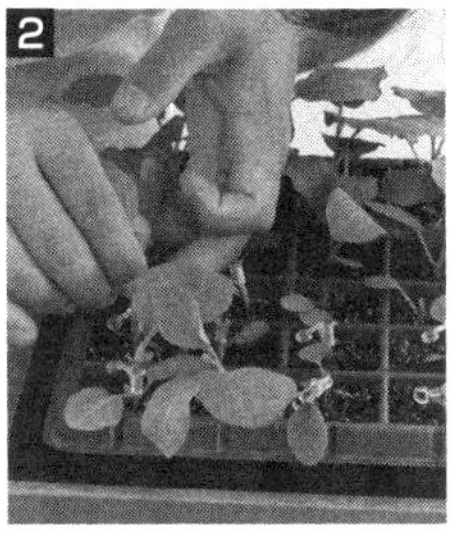

接ぎ木作業中

接ぎ上がったナス

図９　ナスの接ぎ木（居接ぎ）

表３　ナスの順化

	接ぎ木後日数				
	第１段階	第２段階	第３段階	第４段階	第５段階
低温期	接ぎ木～５日目	６～７日目	８～９日目	10日目	－
普通期～高温期	接ぎ木～５日目	６日目	７日目	８日目	９日目

＊各段階の順化の方法は 50 ページ参照。
＊接ぎ木日を１日目として数えた。
＊葉水は接ぎ木２日目まで、噴霧器で朝夕の２回行なう。３～５日まではジョウロかハスロで朝１回。その後は各段階に移行する日に朝１回行なう。

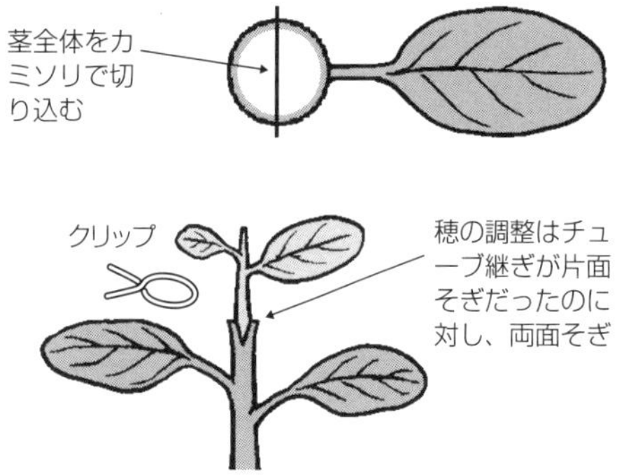

図 10　割り継ぎの方法

台と穂の接合面が広いので丈夫な苗に仕上がる。

割り接ぎはチューブによる居接ぎよりも台木を大きくして行なう。そのため、居接ぎより台木を5日早くまく。

本葉を1枚残して、その上を1㎝くらい切り込んで穂木をはめる。台木が大きくなりすぎたときは、本葉2枚を残して、その上にはめてもよい。穂木のそぎ方は、チューブ接ぎと同じ角度で両面をそぐ。差し込んだあとの固定は、キュウリの呼び接ぎで使うクリップが便利であるが、こよりで巻いてもよい(図10)。

順化は居接ぎに準じる。

ナス 3
温度管理と液肥やり

温度管理は表4のように行なう。

液肥は、まずタネまき時にやり、接ぎ木ま

表4　ナス苗の温度管理目標

		タネまき～発芽	発芽後～苗つくり終了まで	参考
低温期	昼間	25～32℃	25～30℃	15℃付近から生育が鈍りはじめる
	夜間	20℃	18℃	
普通期～高温期	夜・昼	なりゆき（35℃以上にならないよう注意）		

①老化が始まるころ（5日前が移植の適期）

②老化苗（移植適期から8日後、草丈12㎝、本葉5枚）

図 12　取り出し・定植遅れのナスセル苗

図 11　ナス苗の液肥施用時期

日数	台木タネまき時	穂木タネまき時 台木発芽そろい	接ぎ木5日前	順化終了直後	二次育苗		
					開始後3日	開始後13日	開始後23日
日数 穂木タネまき後	－15	0	15	30	40	50	60
日数 台木タネまき後	0	15	30	45	55	65	75
	台木 ◎	台木・穂木 ◎	台木・穂木 ◎	◎	◎	◎	◎

←セル直接定植での施肥機会→
←9㎝ポット苗の施肥機会→
←12㎝ポット苗の施肥機会→

①このようにすなおに展開していればOK

②内側に巻いてスプーン状になるのは、寒がっているか、乾燥の前歴がある

図13　苗の環境とナスの葉

では15日間隔でやっていく。順化終了後は10日間隔にする。そうすると、セル苗の施肥機会は4回、9㎝ポット苗は6回、12㎝ポット苗は7回になる（図11）。

ナス 4
失敗しない注意点と対策

[苗の取り出し遅れ・定植遅れ] とくにセル苗は注意が必要である。適期より本葉が1枚多く増えてしまうと、あとあとまで生育が悪い(図12)。こういう苗はポットに上げた後、あるいは定植した後、水を多めにやって生育をうながす。

[葉が巻く苗] 原因は、寒がっているか、前歴で乾燥にあわせたかである（図13）。いずれにせよ定植後の生育が悪くなる。

接ぎ木苗

キュウリ

キュウリ 1
苗つくりの手順とめざす苗

接ぎ木方法別の苗つくりの手順は次ページ図1に示した。キュウリの接ぎ木はあげ接ぎだけで、断根接ぎと根付きの呼接ぎの2通りある（次ページ表1）。

断根接ぎ苗では、50穴タイプのセルトレイを使う。接ぎ木後15日で、苗の取り出し適期がくる。草丈15㎝くらいで本葉が2枚になったときである。

断根接ぎで二次育苗する場合は、9㎝ポットは8日、12㎝ポットは12日で定植適期になる。呼接ぎ苗は9㎝ポットは接ぎ木後23日、12㎝ポットは30日で定植適期になる。これらポット苗は、断根接ぎで二次育苗した苗も呼接ぎ苗も当然同じくらいの大きさで、9㎝ポットは草丈15～18㎝で本葉が3枚、12㎝ポットは草丈22～25㎝で本葉が4枚になったときである（図2、3、次ページ表2、図4）。

図2　キュウリセル苗の取り出し適期

図3　キュウリセル呼び接ぎ9㎝ポット苗定植適期

図１　キュウリの苗つくりの手順

作業名	タネまき	発芽そろい	接ぎ木	挿し木	セル取り出し適期	ポット苗定植適期
日数（穂木まき日を起点）	0	5	7	8	22	30日（9㎝ポット） 34日(12㎝ポット)

［断根接ぎ］
セル→定植
セル→ポット→定植

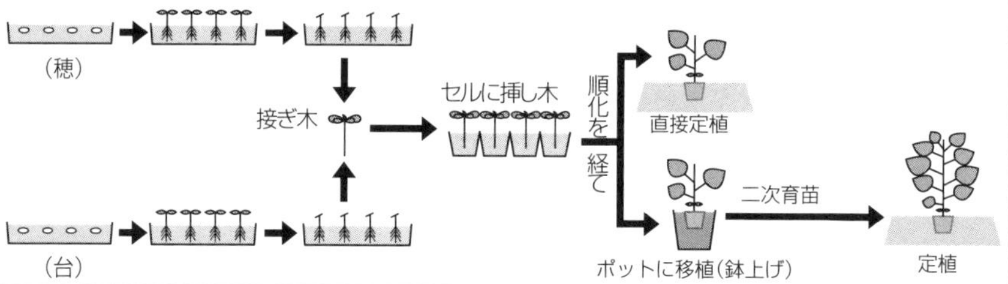

作業名	穂木まき	台木まき	穂木発芽そろい	台木発芽そろい	接ぎ木	断茎	ポット苗定植適期
日数（穂木まき日を起点）	0	2	5	7	9	15	32日（9㎝ポット） 39日(12㎝ポット)
日数（台木まき日を起点）	－2	0	3	5	7	13	30日（9㎝ポット） 37日(12㎝ポット)

［呼び接ぎ］
ポット→定植

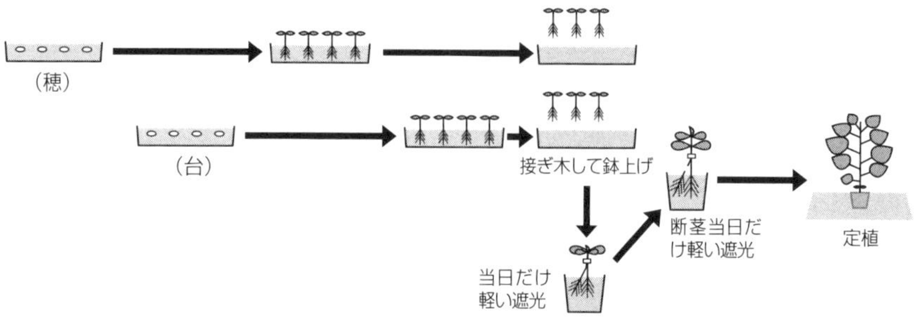

表１　キュウリの接ぎ木法とその特徴

		セル苗に	作業人員	順化の装備	順化時の葉水作業	定植後の草勢	接ぎ木場所の制約
あげ接ぎ	断根接ぎ	できる	一人でできる	重装備	ハスロ・ジョウロ	強くなりやすい	苗床以外の場所で可能
	呼び接ぎ	不可能	台·穂の取り上げ、接ぎ手、植え手の三人一組	きわめて軽装	噴霧器	おだやか	苗床でしかできない

注）台穂の固定具は、断根接ぎはチューブとクリップ両方可能。呼び接ぎ続はクリップ。

図４　キュウリセル呼び接ぎ 12㎝ポット苗定植適期

表２　キュウリ苗の定植適期の大きさ　（単位は㎝）

①断根接ぎ苗―セル苗は二次育苗開始適期でもある―

育て方	草丈	葉数	最大葉の位置と大きさ		
			位置	長さ	幅
セル苗	15	2枚	1枚目	5	6
9㎝ポット苗	18	3枚	2枚目	10	10
12㎝ポット苗	22	4枚	3枚目	12	12

②呼び接ぎ苗

育て方	草丈	葉数	最大葉の位置と大きさ		
			位置	長さ	幅
9㎝ポット苗	15	3枚	2枚目	12	13
12㎝ポット苗	25	4枚	3枚目	12	15

キュウリ **2**

接ぎ木のポイント

●断根接ぎとそのポイント

断根接ぎは、近年の野菜苗生産の分業化にともなう大量育苗法として開発されたものであり、一人で、しかも手を泥で汚すことなく作業できる。ただし、傷口が大きいのでしっかりした順化が必要であり、セル苗として集約的に順化する。ポット苗を得るには、セル苗をポットに鉢上げし二次育苗する。

畑に植えてからは、草勢が強くなりすぎないような管理が必要であり、最初は水をひかえ気味にし、徐々に増やす。

●呼び接ぎとそのポイント

呼び接ぎは、伝統的なキュウリの接ぎ木法である。台も穂もまき箱から根付きのまま取り上げて接ぎ、そのままポットに植える。台と穂の両方に根があるので、セルでは狭すぎて植えることはできない。一方、両方に根があるので順化は軽い遮光を1日するだけですむ。

呼び接ぎの作業をスムーズにするには、人手が三人いる。穂の草丈ができるだけ伸びているほうがやりやすいので、穂を2日早まきする。

●台木について

キュウリの台木にはカボチャを使う。カボチャに接ぐ目的は、カボチャがつる割れ病とセンチュウに強いからである。近年は果皮のブルーム（白い果粉）の発生を抑えてピカピカにする目的も加わっている。そういう性質のカボチャ品種をブルームレス台木という。現在、キュウリの台木はほとんどがブルームレスである。

●温度管理

タネまきから苗仕上りまでの温度管理は表3に示した。

表3　キュウリ苗の温度管理目標

		タネまき～発芽	発芽後～苗つくり終了まで	参考
低温期	昼間	28～30℃	25～28℃	生育限界は5℃ 0℃で凍害
	夜間	20℃	15～16℃	
普通期～高温期	夜・昼	なりゆき (35℃以上にならないよう注意)		

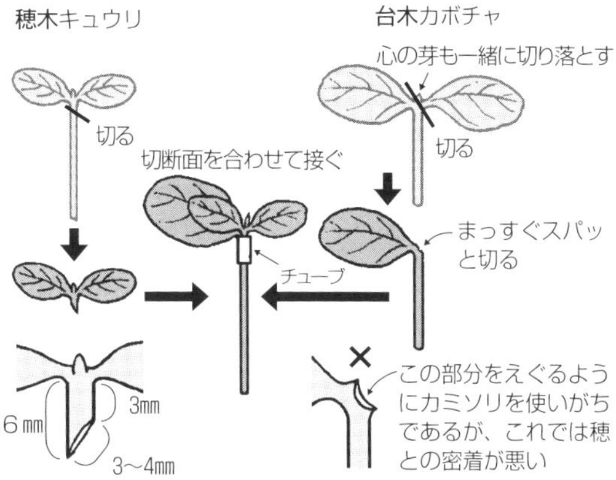

図5　キュウリの断根接ぎでの穂木、台木の切り方と接ぎ方

キュウリ **3**

接ぎ木のやり方

●断根接ぎのやり方

[苗の大きさ] 断根接ぎは、台木も穂木もタネまき後7日目に行なう。そのとき苗は表4の大きさである。

[接ぎ木の手順] 図5と次ページ図6の手順で行なう。

[順化と葉水] 表5のように行なう。低温期

表4　キュウリ断根接ぎ時の苗の大き　（単位は㎝）

台木の状態				穂木の状態			
胚軸長	子葉		本葉長	胚軸長	子葉		本葉長
	長さ	幅			長さ	幅	
9	5	4	1	7	3	2	0.5

表5　断根接ぎでの順化日数

	挿し木後の日数				
	第1段階	第2段階	第3段階	第4段階	第5段階
低温期	挿し木～5日目	6日目	7日目	8日目	－
普通期～高温期	挿し木～3日目	4日目	省略	5日目	6日目

＊各段階の順化の方法は50ページ参照。
＊接ぎ木翌日に挿し木、挿し木日を1日目として数えた。
＊葉水は、晴天日は毎日朝1回、最初からジョウロやハスロが使える。

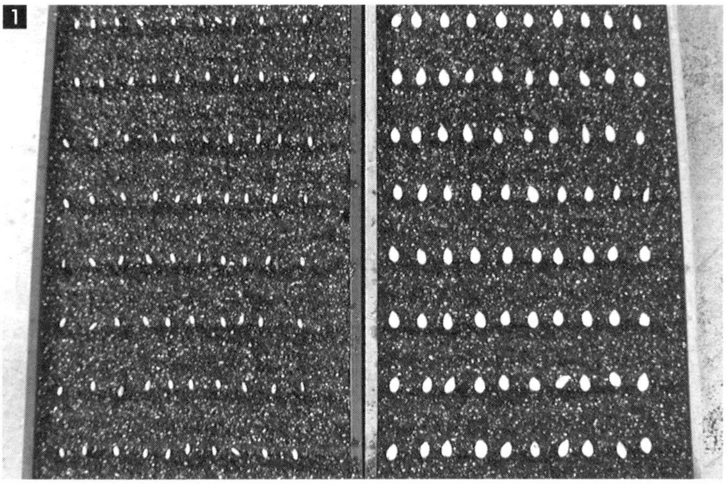

タネまき
（右は台木カボチャ、左は穂木、ともに 100 粒まき）

断根接ぎ当日の穂（左）と台（右）

カミソリで台木を地ぎわから切り取る
（この例では台木箱は自分の左）

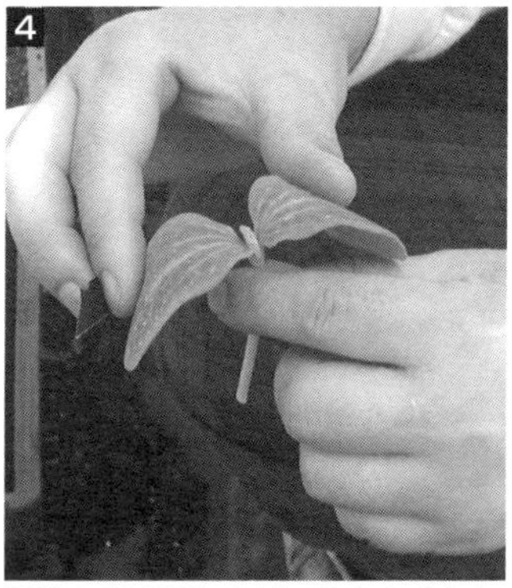

子葉を軽く押し広げて心をあらわにする（カミソリは中指とひとさし指の間に持ち続ける）

心もろとも台木の片方の子葉を切り落とす

図 6　キュウリの断根接ぎ

切り落とした状態

チューブ上端が台の切り口下端になるように装着。装着したら下に置き、カミソリを持つ

穂木キュウリを切り取る
この例では、キュウリの箱は自分の右

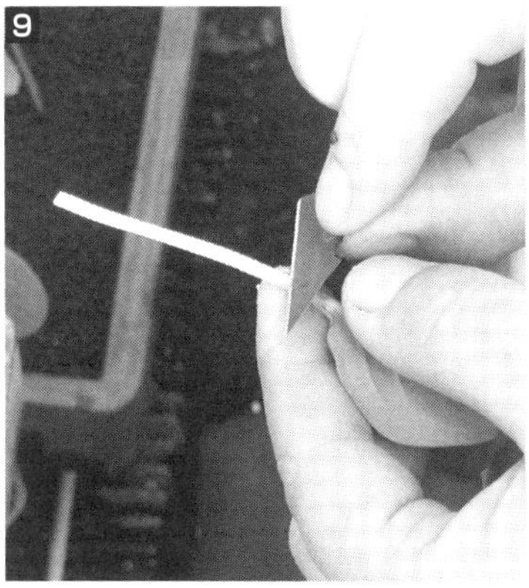

穂木キュウリの胚軸を切る
チョウの羽をたたむように子葉をたばねて持つ

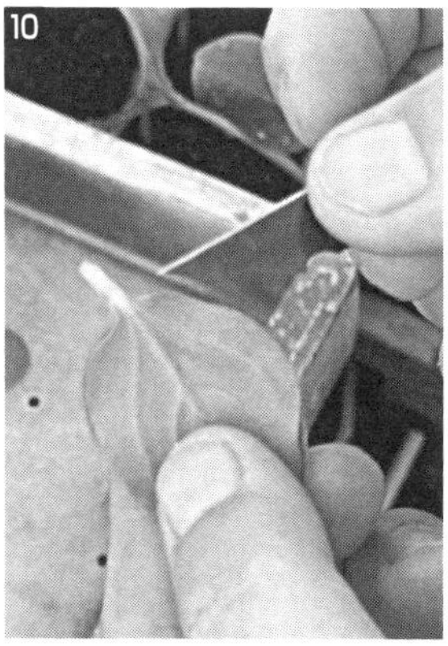

穂木を切った状態

片手で台木を持ち上げ、穂木と切断面を合わせる

切断面が合っている状態で指を後ろまわし、台木の葉も一緒に束ねてもち、チューブを引き上げて切断面を固定する

できあがり
台木と穂木の葉は平行になる

図７　断根接ぎ苗の液肥施用時期（タネまき後日数）

タネまき日	順化終了時	二次育苗開始後４日
0	15	25

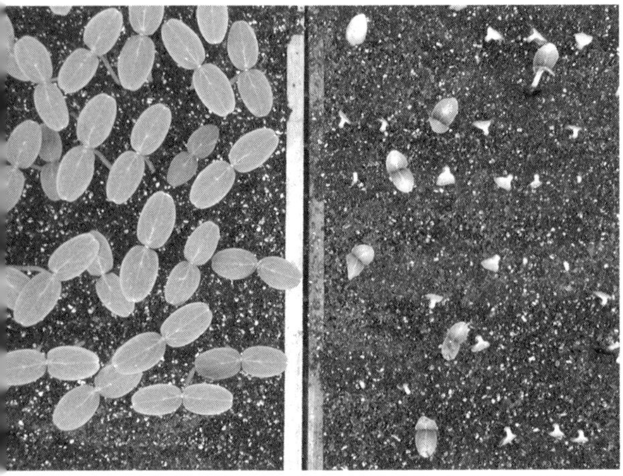

図８　呼び接ぎの穂木（左）と台木（右）の時間差（接ぎ木２日前）
台木のカボチャはかなり小さいがすぐ追いつく

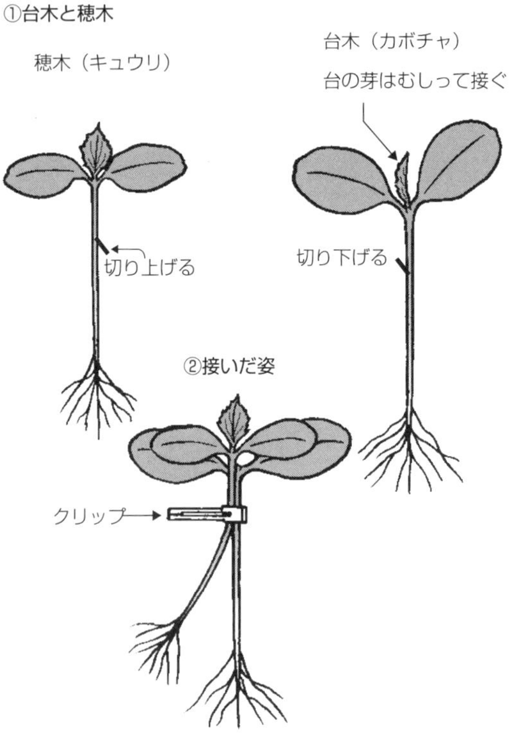

図９　呼び接ぎ適期の台木、穂木と接ぎ方

表6　キュウリ呼び接ぎ時の苗の大き　（単位は㎝）

台木の状態				穂木の状態			
胚軸長	子葉 長さ	子葉 幅	本葉長	胚軸長	子葉 長さ	子葉 幅	本葉長
9	5	4	1	8	4	3	2

キュウリ呼び接ぎの穂木の茎を切断する時の苗の大きさ（単位は㎝）

草丈	葉数	最大葉の位置と大きさ 位置	長さ	幅
12	2枚	2枚目	6	7

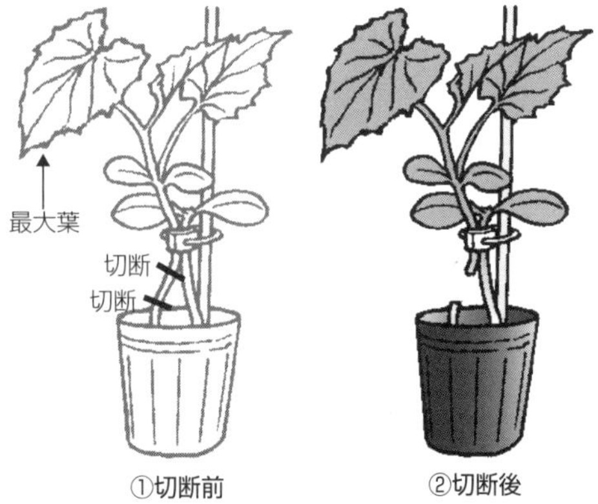

図11　キュウリ呼び接ぎの穂木の茎の切断

は、普通期や高温期よりも切り口の癒合や発根がおそいので、順化日数が2日長くなる。

[液肥やり] まずタネまき時にやり、その次は順化が終わったころにやる。セル苗の施肥機会はこの2回である。二次育苗した場合その10日後にやるので、ポット苗は3回やることになる（図7）。

●呼び接ぎのやり方

[苗の大きさ] 呼び接ぎは、台木はタネまき7日後、穂木は9日後に行なう（図8）。そのとき苗は表6の大きさである。

[接ぎ木の手順] 図9～10の手順で行なう。

[断茎] 接いで1週間後に穂木の茎を切断する（図11）。

[順化と葉水] 呼び接ぎは、接いだときと断茎時の2回、順化と葉水が必要である。ただし、両方とも極めて軽い順化で、当日のみ45～50%の遮光ネットをかける（83ページ表7、図12）。

台木カボチャ（左）と穂木キュウリを手ですくうように抜く

台・穂を接ぎ手の前に置く。接ぎ手右手の容器の中にはクリップ

台木を取り上げ、子葉を開くようにして心を露出させる

露出した心をむしりとる

台木の胚軸を 45 度くらいの角度で半分ほど切り下げる

ひとまず台木を下に置く

→次ページへ

図 10　キュウリの呼び接ぎ

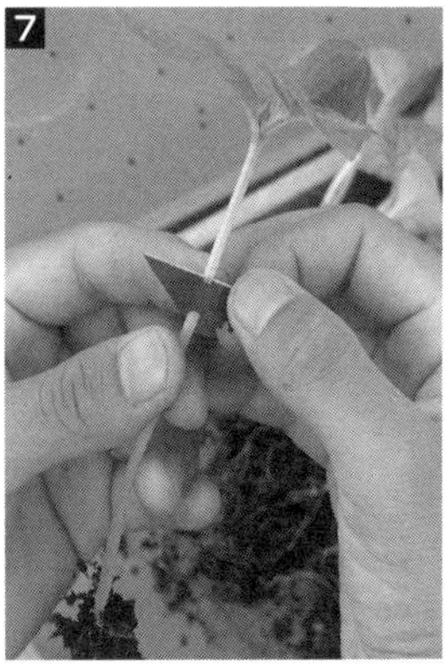

穂木を取り上げ胚軸の本葉側を鋭角（30 度くらい）に軸の 5 分の 4 くらい切り上げる

指マクラがないと倒れるくらい切り込む

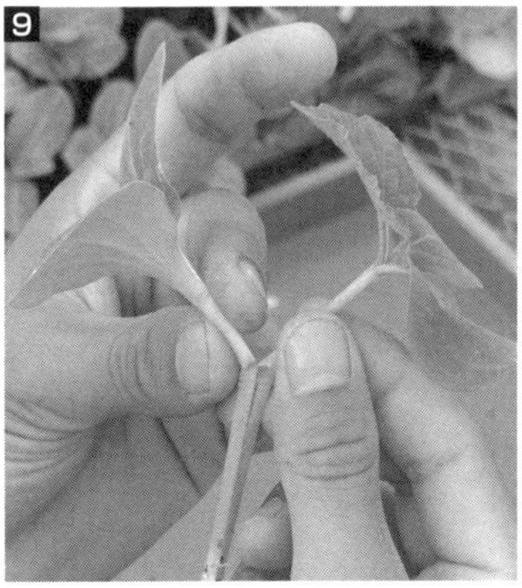

下に置いていた台木を取り上げ、切り口を合わせる

ピシッとかみ合わせれば、台木だけを持っても穂木はずり落ちない

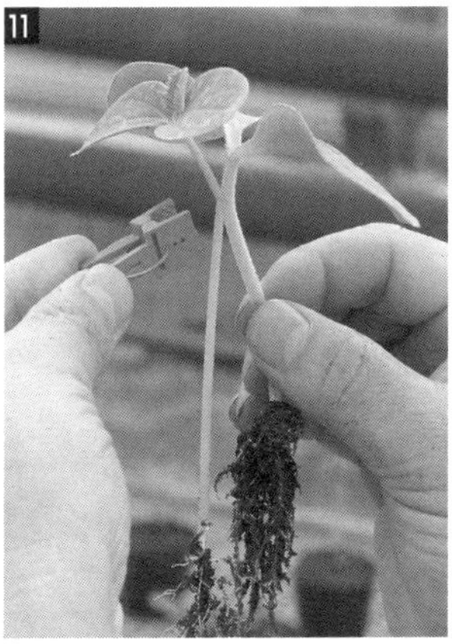

穂木側からクリップをはめる

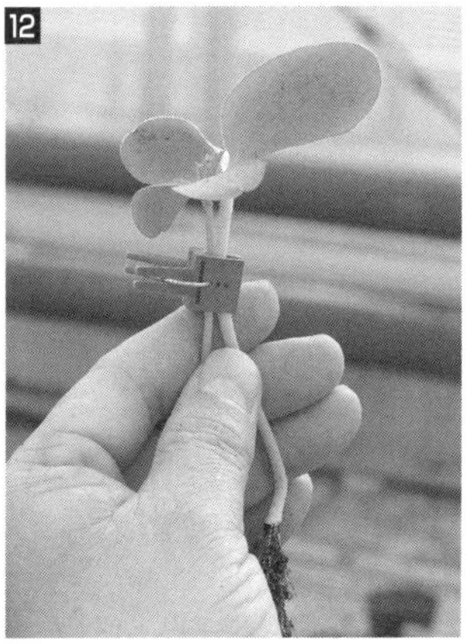

できあがり

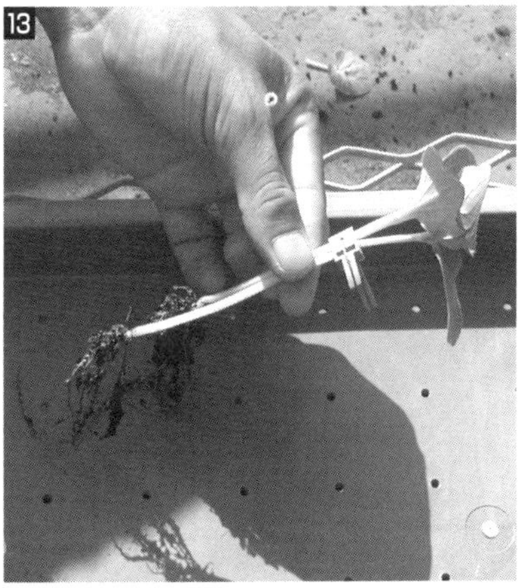

接ぎ終わった苗はある程度数をまとめてポットに植える

移植用のポットは用土を半分入れておく

呼び接ぎした苗を入れ、用土を入れる

表7　呼び接ぎでの順化

	接ぎ木日のみ	断茎日のみ
低　温　期	45～50% 遮光ネット	45～50% 遮光ネット
普通期～高温期		

＊葉水は当日のみ1回である。接ぎ木日は噴霧器で、断茎日はジョウロ、またはハス口で行なう。

表8　呼び接ぎ苗の液肥をやる機会
（日数は穂木のタネまき後）

作業	タネまき時	断茎2日後	断茎12日後
日数	0	17	27
	◎ 台木・穂木	◎	◎

図12　順化終了時の葉水
ジョウロ、ハス口で行なうが、この程度ぬらす

①胚軸が2㎝くらいにおさまったいい株
接ぎ木までにキュウリ胚軸を充分伸ばし、長すぎない穂木に調整するのがポイント。また接ぎ木後、湿度不足にしない

②胚軸が伸びすぎたわるい株

図13　胚軸をヒョロヒョロ伸ばさない

図14　苗順化のしすぎで台木子葉が消耗し枯れてしまった

［液肥やり］まずタネまき時にやり、その次は断茎2日後にやり、さらにその10日後にやる（表8）。

キュウリ**4**

失敗しない注意点とめざす苗

●断根接ぎ苗

［接いだあとに穂木がヒョロヒョロに伸びる］温度不足で接ぎ木までに十分胚軸を伸ばしきらなかった場合や、穂木の胚軸を長くつけて接いだ場合、後になってヒョロヒョロになる。穂木は接ぎ木までに十分伸ばし、適度な長さに調整して接がなければならない（図13）。

①穂木が台木の上にのるように接いで順調に生育

②穂木が台木の下になるように接ぐと、本葉が台木子葉の下になってまずい

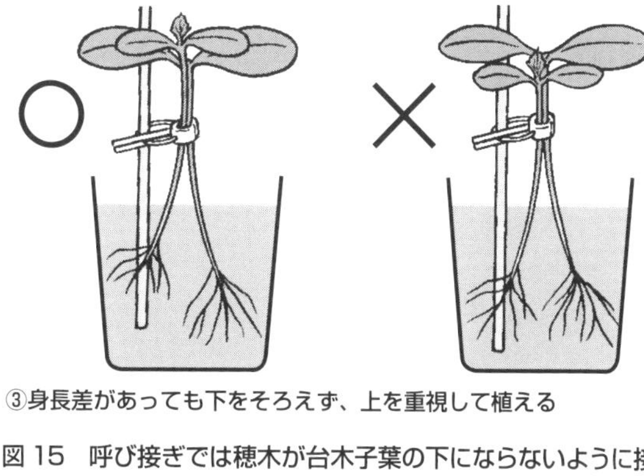

③身長差があっても下をそろえず、上を重視して植える

図15　呼び接ぎでは穂木が台木子葉の下にならないように接ぐ

図 16　接ぐときの切り込み不足による断茎後のしおれ

図 18　台の芽が出てきたらこうなる前にかきとる

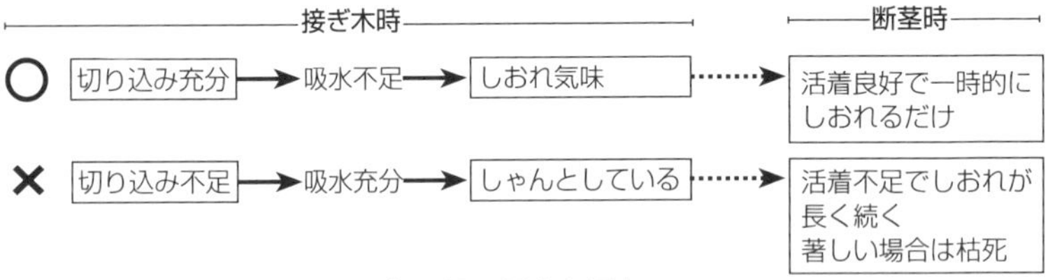

図 17　接ぎ木時のキュウリの切り込み具合と反応

図 19　徒長したキュウリ苗（節間が 8 ～ 10 ㎝もある）
節間が 5 ㎝を超す苗はダメ

図 20　セル内に長く置きすぎた苗
7 日前に鉢移植か定植が必要だった

図 21　キュウリの老化苗（12 ㎝ポットの二次育苗・草丈 35 ㎝、本葉 6 枚）
定植が 4 日遅れただけなのに図 4 の適期苗と大きくちがう

[順化のしすぎ] 台木カボチャの子葉は、順化中の光線不足の影響を受けやすく、順化日数を必要以上に延ばすと消耗して脱落する（前ページ図 14）。

●呼び接ぎ苗

[穂木が台木子葉の下になるように接ぐ] 台木の子葉がさまたげになってうまく上に伸長できないので、やってはいけない（前ページ図 15）。

[穂木の切り込み不足] 接ぎ木当日は、軽くしおれるくらいまで穂木を切り込んで接がないと、断茎時にしおれる（図 16、17）。

●共通

[台から出てくる芽のかき遅れ] 台の芽は接ぎ木時に取り除くが、基部に残ることが多く、後になって伸び上がってくる。これは早めにかき取らなければならない。大きくしてしまうと苗の姿が悪くなるし、かき取るときキュウリまで傷つける（図 18）。

[徒長苗] 原因は管理温度が高すぎるか水のかけすぎ、あるいは苗の広げ遅れである（図 19）。

[老化苗] キュウリは老化が早く、適期に取り出したり定植したりしないと、あとあとまで生育が悪い（図 20、21）。

接ぎ木苗

スイカ

スイカ 1
苗つくりの手順とめざす苗

接ぎ木方法別の苗つくりの手順は図 1 に示した。

カボチャよりユウガオに接いだほうが果実はおいしい。本書ではユウガオに接ぐ場合を述べる。また、各種ある接ぎ方のなかから最も生育の安定している挿し接ぎを紹介する。

挿し接ぎをするには、タケで「接ぎ棒」をつくる必要がある（つくり方と使い方は 88 ページ）。挿し接ぎには居接ぎと断根接ぎがある（表 1）。

スイカは数ある接ぎ木果菜のなかで、初心者の接ぎ木活着率が最も低い。研鑽しがいのある果菜ということになろう。

断根接ぎ苗では 50 穴タイプのセルを使う。接ぎ木後 19 日で取り出し適期がくる。草丈 18 cmくらいで本葉が 3 枚になったときである（次ページ図 2）。

二次育苗する場合、 9 cmポットは鉢上げ後 10 日、12 cmポットは 15 日で定植適期になる。居接ぎ苗は、 9 cmポットで接ぎ木後 24 日、12 cmポットでは 33 日で定植適期になる。

これらポット苗は、断根接ぎで二次育苗した苗も居接ぎ苗も、当然同じくらいの大きさである。 9 cmポットは草丈 31 cm、本葉が 6 枚になったときで、ちょうど摘心時期にあたる。12 cmポットは草丈 40 cmで、すでに 20 cmくらいの側枝（植えたのち主枝になる）が出ている（次ページ表 2、87 ページ図 3、4）。

図 1　スイカの苗つくりの手順

作業名	台木まき	穂木まき	台木鉢上げ	穂木発芽そろい	接ぎ木			ポット苗定植適期
日数（穂木まき日を起点）	－4	0	1	4	5			29（9 cmポット） 38（12 cmポット）
日数（台木まき日を起点）	0	4	5	8	9			33（9 cmポット） 42（12 cmポット）

●居接ぎ
〔挿し接ぎ〕
ポット→定植

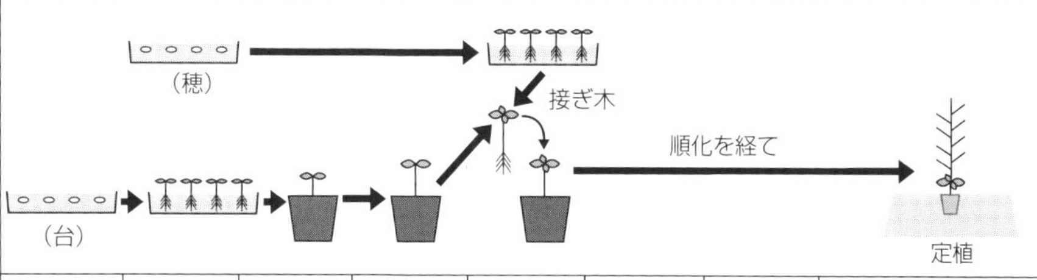

作業名	台木まき	穂木まき	台木発芽	穂木発芽そろい	接ぎ木	挿し木	セル取り出し適期	ポット苗定植適期
日数（穂木まき日を起点）	－2	0	1～3	4	5	6	24	34（9 cmポット） 39（12 cmポット）
日数（台木まき日を起点）	0	2	3～5	6	7	8	26	36（9 cmポット） 41（12 cmポット）

●断根接ぎ
〔断根挿し接ぎ〕
セル→定植
セル→ポット→定植

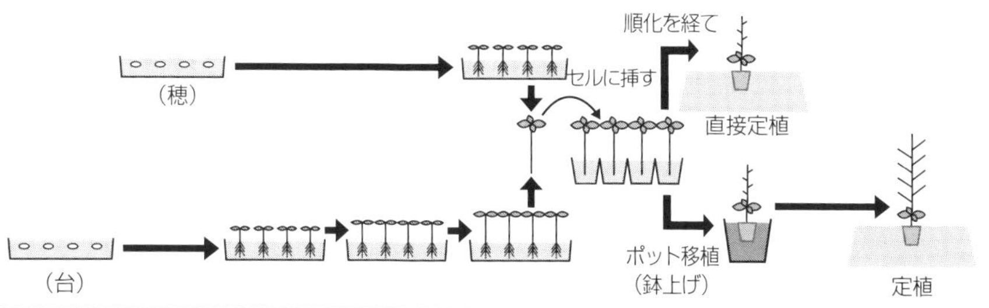

表1　スイカの接ぎ木法とその特徴

	セル苗に	作業人員	順化時の葉水作業	接ぎ木場所の制約	定植後の草勢	ポット苗の成苗率
あげ接ぎ　断根挿し接ぎ	できる	二人一組	ハスロ・ジョウロ	苗床以外の場所で可能	強くなりやすい	二次育苗で 100%
居接ぎ　　挿し接ぎ	不可能	二人一組	噴霧器	苗床でしかできない	おだやか	80 ～ 90%

注1）台木・穂木の固定具は使用しない。
注2）順化の装備は両接ぎ法とも同程度に重装備。

表2　スイカ苗の定植適期の大きさ　　（単位は㎝）

育て方	草丈	葉数	最大葉の位置と大きさ			その他
			位置	長さ	幅	
セル苗	18	3枚	2枚目	6	7	
9㎝ポット苗	31	6枚	3枚目	10	12	親づる摘心時期にあたる（6枚で摘心）
12㎝ポット苗	40	6枚	3枚目	13	15	親づる摘心ずみで、すでに20㎝くらいの側枝が発生

注）ポット苗はセル苗の二次育苗または居接ぎ下苗。

①取り出し適期の苗（50穴タイプのセル）　②二次育苗のため鉢上げされたスイカ苗

図2　スイカセル苗の取り出し適期

【ウリ類の摘心】

ウリ類には1本のつるで栽培する品目と、数本のつるを伸ばして栽培する品目がある。この栽培の主体となるつるを主枝と呼び、主枝1本仕立てとか主枝2本仕立てとかいう。

主枝を複数仕立てで栽培する場合、苗の時か定植後まもなくに心を摘み、主枝となるわき芽の伸長をうながす。この心を摘む作業を摘心という

スイカの摘心　本葉6枚を残す

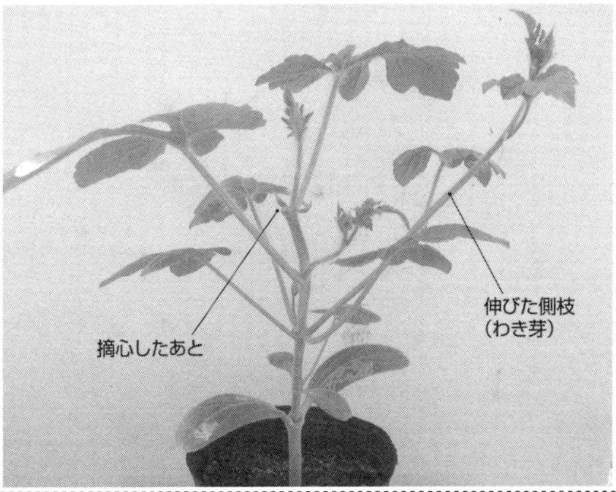

図３　スイカセ９㎝ポット居接ぎ苗の定植適期
側枝が伸び出す前に定植する（断根接ぎの二次育苗した９㎝ポット苗も同じ）

図４　スイカセ 12 ㎝ポット居接ぎ苗の定植適期
横に伸びているのは側枝で主枝の１本になる（断根接ぎの二次育苗した 12 ㎝ポット苗も同じ）

スイカ **2**

接ぎ木のポイント

●居接ぎと断根接ぎ

居接ぎは、まき箱で発芽させた台木をポットに鉢上げして行なう。鉢上げによる生育の一時的足踏みを考えて、穂木より４日早くまく。ユウガオは生育がそろいにくいため、大小の苗を鉢上げすることになるが、小さいものほど移植耐性が強いので早く伸長を始める。そのため接ぎ木までには、ほとんどが適当な大きさになる。

断根接ぎは台木を穂木より２日早く、余裕をみて多くまき､接ぎ木までまき箱内で育て、適当な大きさのものを選びながら接ぐ。

●じっくり癒合させる

スイカとユウガオは癒合に日数がかかる。居接ぎも断根接ぎも第一段階の順化をじっくり行なって癒合させる。ただし、いったん癒合してしまえば、まだ本葉は小さいのでしおれる心配はなく、あとの順化は簡単である。

挿し接ぎの作業はセル内の窮屈な環境ではできないので、居接ぎとなるとどうしてもポット苗にしなければならない。

しかし、ポット苗は広い面積で順化しなければならないことに加え、初心者では 10 ～20％の活着不良苗を覚悟しなければならない

表３　スイカ苗の温度管理目標

		タネまき～発芽	発芽後～苗つくり終了まで
低温期	昼間	28 ～ 33℃	28 ～ 30℃
	夜間	22℃	18 ～ 20℃
普通期～高温期	夜・昼	なりゆき（35℃以上にならないよう注意）	

ことは痛い。セルとちがってムダになる用土の量が半端ではないからである。それでもこの接ぎ木法が重宝なのは、スイカの栽培はつるぼけの問題をかかえており、居接ぎ苗はそのおそれが少ないからである。

●温度管理

タネまきから苗仕上りまでの温度管理は、表３に示した。

スイカ **3**

接ぎ木のやり方

●苗の大きさ

穂木のタネまき後、５日で接ぎ木適期になる。台木は居接ぎのほうがまいた後の日数が長いが、鉢上げ時の生育の足踏みをおり込んでいるためで、接ぎ木時の大きさは断根接ぎと同じである。

接ぎ木時の台木と穂木の大きさ、および姿は次ページの表４、図５の通りである。

●居接ぎ

居接ぎ（挿し接ぎ）は 89 ページの図６の

【「接ぎ棒」のつくり方・使い方】

①長さ 15㎝くらいに切ったタケを幅 7～8㎜の棒に割る

②割ったタケ

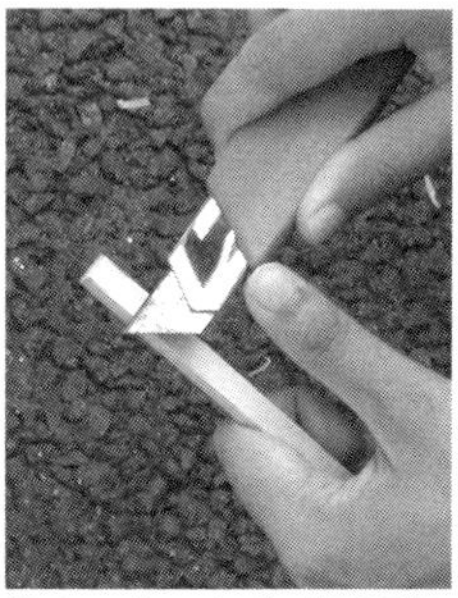

③カッターかナイフで先端を細くしていく

④できあがり（正面）

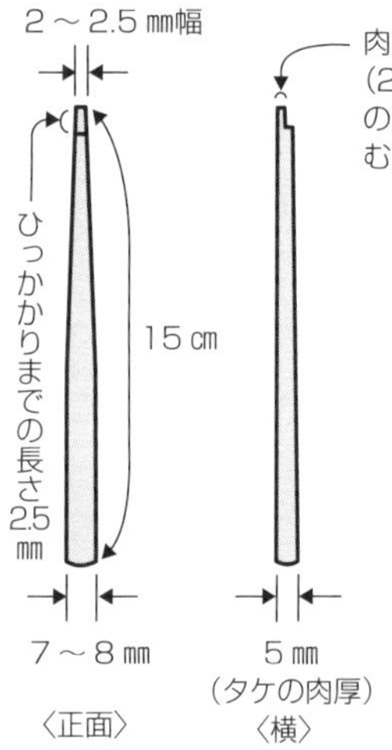

⑤正面と横から見たところ

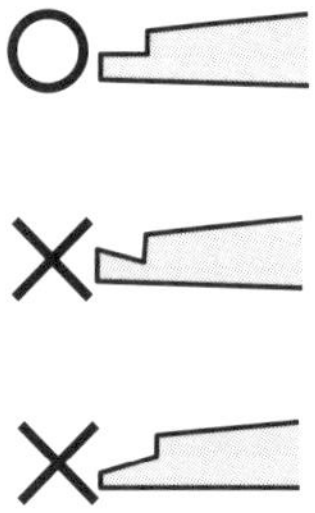

⑥先端部のつくり方

棒を差し込むとき、片方の手は親指とひとさし指で、棒の侵入に抵抗するように子葉の基部を少し強く圧迫気味にすると、子葉を裂くことなく穴をあけやすい

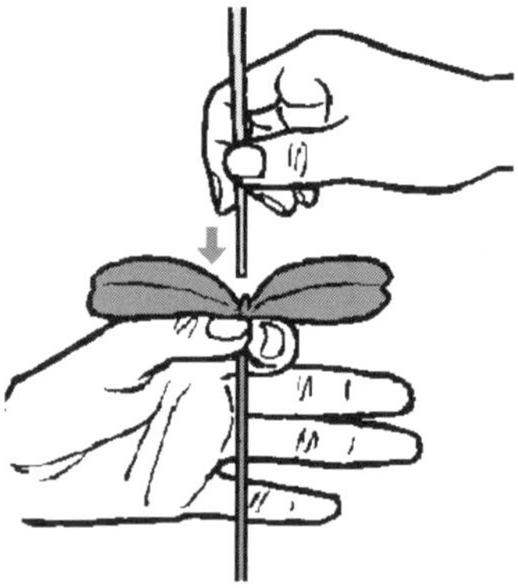

⑦「接ぎ棒」の使い方

表4　スイカ接ぎ木時の苗の大きさ（断根接ぎ、居接ぎ共通）

（単位は㎝）

台木の状態				穂木の状態			
胚軸長	子葉 長さ	子葉 幅	本葉長	胚軸長	子葉 長さ	子葉 幅	本葉長
6	5	4	0.5	5	3	2	0.2

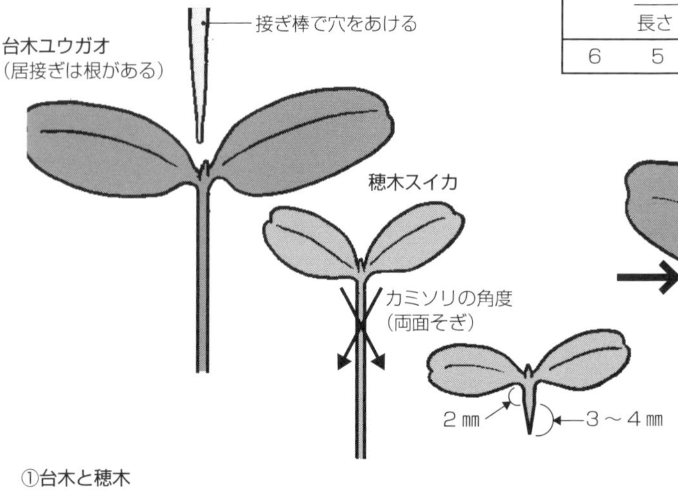

①台木と穂木

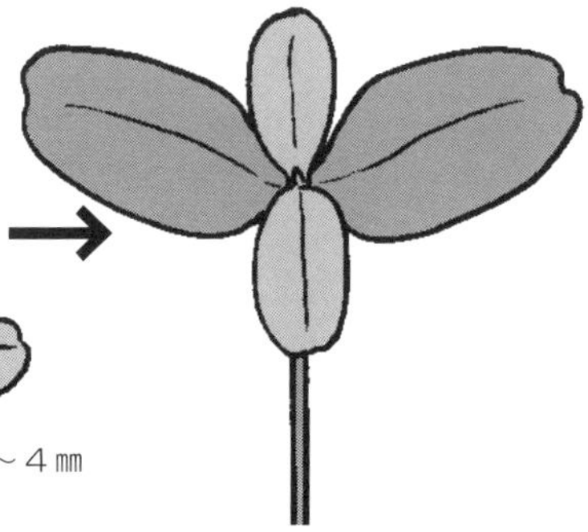

②接いだ姿（居接ぎは根がある）

図5　スイカの挿し接ぎ（居接ぎ、断根接ぎともに同じ）

1

ユウガオのタネまき
間隔をとったバラまきにする。ならべてまいても規則正しく発芽しない

2

台木ユウガオがポツポツ発芽し始めるころにスイカをまく。なお、断根接ぎ（断根挿し接ぎ）では台木の発芽を見ないでスイカをまく

3

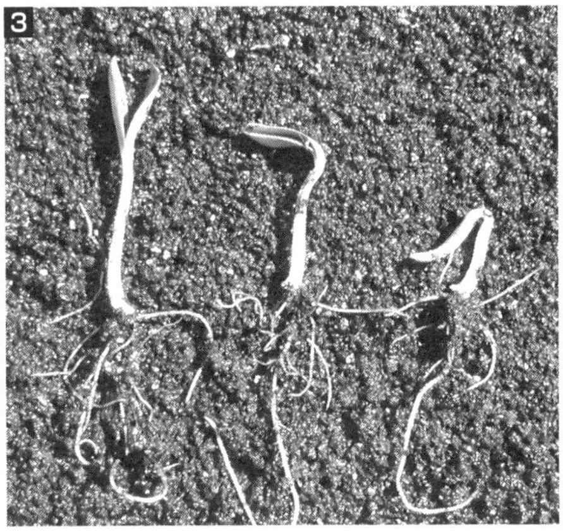

台木ユウガオの鉢上げは一斉にする
いろいろな大きさの苗が混じってもかまわない

4

台木ユウガオを鉢上げしたところ

5

鉢上げ後、小さい苗がどんどん追いつく

6

接ぎ木適期のスイカ（上）と台木のユウガオ

次ページへ

図6　スイカの居接ぎ（挿し接ぎ）

カミソリでスイカを胚軸途中から切り取る
手元の丸い容器は胚軸をそいで調整したしたスイカを入れる。なお、多くの苗を接ぐときは、スイカの切り取り・調整する人と、接ぐ人の二人で分担して行なう

スイカを差し込む形にそぐ

そいだスイカ。これを手元の容器に入れる
分担して接ぐ場合は５～６本たまったら接ぐ人がとりに来る。動くのは接ぐ人で、切り取り・調整する人は座って作業するだけ。ただ接ぐ人のスピードを見て１０本以上も容器にためないようにしないと切り口が乾いて癒合しない

台木ユウガオの芽を爪先でむしりとる
いすにこしかけて、腹の高さで作業する

接ぎ棒で心に穴をあける

穴にスイカを差し込んで終わり

ユスイカと台木ウガオの子葉はプロペラ型になる

1 台木ユウガオも地際から切り取り接ぐ
接ぎ方は居接ぎと同じである。接いだら翌日まで保管する（54ページ参照）

2 前日接いだ苗をセルに挿す
セルへの挿し方は55ページ参照

3 挿したら葉水してポリをベタがけする

図7　スイカの断根接ぎ（断根挿し接ぎ）

ように行なう。注意点としては、台木の鉢上げは発芽してきたものから順次するのではなく、まいて5日後に大小かまわず1回にすることである。

●断根接ぎ

断根接ぎ（断根挿し接ぎ）は図7のように行なう。

なお、スイカ断根接ぎのポリ被覆はトンネルにする必要はなく、ベタがけでよい（図8）。ベタがけは水保ちがいいので、挿した日に1回ジョウロかハス口で葉水をしておけば、第1段階の順化の間（6～7日間）かけなくていいのでらくである。

表5　スイカ居接ぎ苗の順化日数

	接ぎ木後の日数				
	第1段階	第2段階	第3段階	第4段階	第5段階
低温期	接ぎ木～7日目	省略	8日目	9日目	－
普通期～高温期	接ぎ木～6日目	省略	7日目	8日目	9日目

＊各段階ごとの順化の方法は50ページ参照。
＊接ぎ木日を1日目として数えた。
＊葉水は、第1段階は噴霧器を使用し、晴天日の朝1回、その後は新しい段階に移行するときにジョウロかハス口で1回ずつ行なう。

表6　スイカ断根接ぎ苗の順化日数

	挿し木後の日数				
	第1段階	第2段階	第3段階	第4段階	第5段階
低温期	挿し木～7日目	省略	8日目	9日目	－
普通期～高温期	挿し木～6日目	7日目	8日目	9日目	10日目

＊各段階ごとの順化の方法は50ページ参照。
＊挿し木日を1日目として数えた。
＊葉水は、ベタがけの場合、挿し木時に1回すれば第1段階では必要ない。その後は新しい段階に移るときにジョウロかハス口で1回ずつ行なう。

スイカ **4**

順化と葉水

スイカは季節を問わず切り口の癒合に日数がかかる。そのため、居接ぎも断根接ぎも第1段階の順化をじっくりすることが大切である。

●居接ぎ

居接ぎの馴化を表5に示した。居接ぎでは、第1段階に日数をかける分、第2段階を飛び越して第3段階に移行してよい。

●断根接ぎ

第1段階のポリのベタがけは、居接ぎの

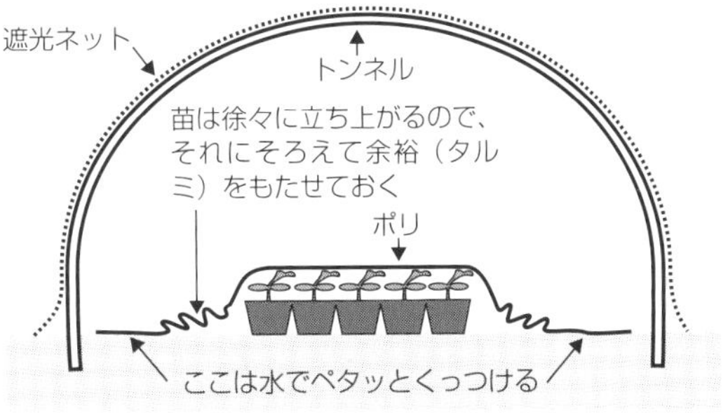

図8　スイカ断根接ぎでのポリベタがけ

図９　居接ぎ苗の液肥をやる時期

日数	台木タネまき時	穂木タネまき時	順化終了直後	その 10 日後	その 10 日後
日数 穂木タネまき後	− 15	0	15	30	40
日数 台木タネまき後	0	15	30	45	55

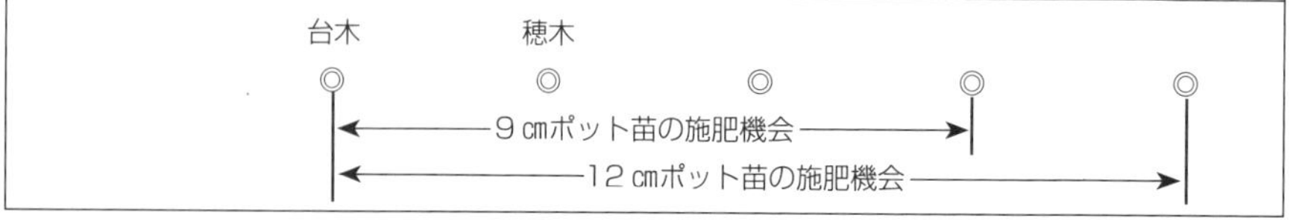

図 10　断根接ぎ苗の液肥をやる時期

日数	台木タネまき時	穂木タネまき時	順化終了直後	その 10 日後	その 10 日後
日数 穂木タネまき後	− 2	0	18	28	38
日数 台木タネまき後	0	2	20	30	40

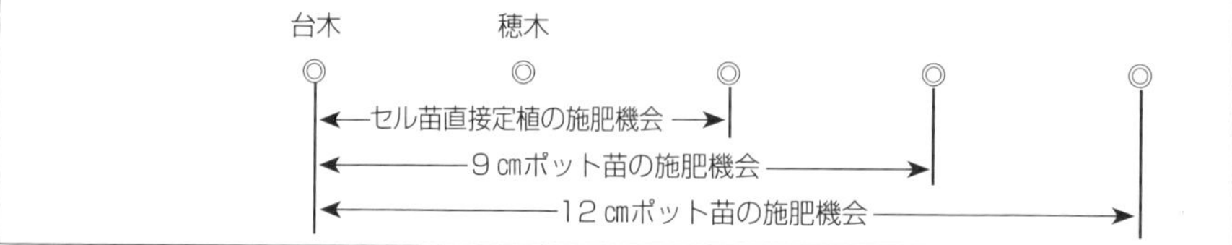

トンネルにくらべ多湿での順化になる。その分苗がやわらかく、日射の強い普通期や高温期はしっかり順化の段階を踏まなければならないので、居接ぎのように第 2 段階を飛び越すことはできない。しかし、低温期は居接ぎのように飛び越してよい（前ページ表 6）。

スイカ **5**

液肥やり

●居接ぎ

居接ぎの液肥やりは、まずタネまき時にやる（図 9）。その次は順化が終わったころにやり、さらに 10 日後にやる。これで 9 ㎝ポット苗の施肥は終わる。12 ㎝ポット苗は、その 10 日後にもう 1 回やる。

●断根接ぎ

まずタネまき時にやり、その次は順化が終わったころにやる。セル苗での施肥はこれで終わる。二次育苗する場合は、9 ㎝ポットならもう 1 回、12 ㎝ポットならもう 2 回やる（図 10）。

図 11　著しく生育の遅れたセル苗（左）と健全苗（右）
原因は順化の失敗か穂木の差し込みすぎによる活着不良

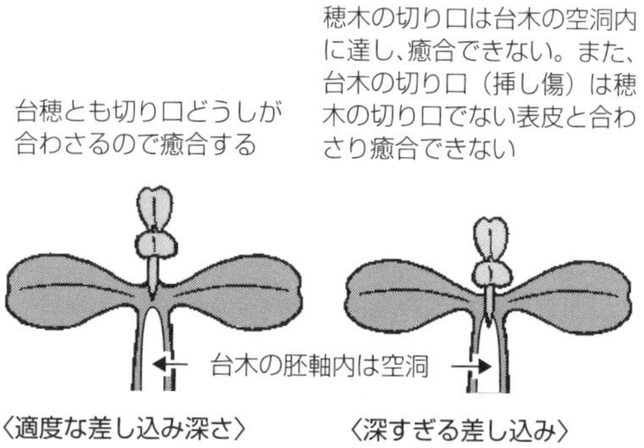

図 12　穂木の差し込みすぎは活着不良の原因

図 13　接ぎ木活着後にスイカの胚軸が長く伸びた苗（右）。左は健全な苗

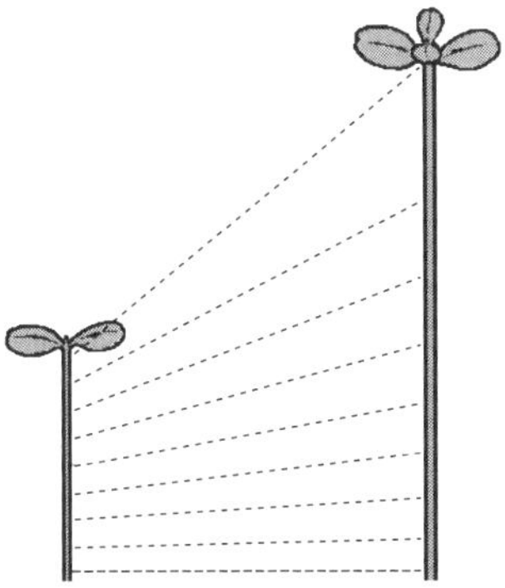

胚軸は上部ほど長く伸びるので、穂木の胚軸が長すぎると接ぎ木後、胚軸が長く伸びてしまう

図 14　胚軸は上部ほど長く伸びる

図 15　スイカ苗の徒長

図 16　スイカ居接ぎ９㎝ポットの定植遅れ苗
わき芽が７～１０㎝伸びている。９㎝ポット苗は、わき芽が発生する前に定植しないといけない

スイカ**6**

失敗しない注意点と対策

[活着不良苗] 順化を早く切り上げすぎたり、接ぎ木時に穂を深く差し込みすぎたときに発生する（図 11，12）。前述の接ぎ棒の引っかかり以上に差し込むと深すぎることになる。

[穂木の胚軸の長い苗] 穂木の胚軸が短い苗にしないといけない。長いと、定植するときそこからひしゃげるように曲がって、その後の生育が悪い。原因は①接ぎ木までに胚軸を充分伸ばしていなかった、②胚軸を伸ばしたが調整した穂木が長すぎた、と考えられる（図 13、14）。

[ヒョロヒョロ苗] 苗の広げ遅れで込み合った場合や管理温度が高すぎると、苗はヒョロヒョロになる（図 15）。

[定植遅れ] 定植が遅れたスイカは、出てくる葉がいつまでも小さい。結果的に小さい果実しかとれない（図 16）。これを防ぐには、定植後１週間くらいは昼夜とも慣行より２～3℃くらい高い温度で管理する。また、着果節位を上げるのも効果がある。

自根苗

ピーマン(パプリカ)

●苗つくりの手順とめざす苗

ピーマンの苗つくりの手順は図1に示したが、自根の果菜としては苗つくり日数が長いほうである。セル苗はタネまき後25日で定植する。ポット苗は、9cmポットでは38日、12cmポットでは43日で定植する（表1）。定植期の姿を図2、3、4に示した。

発芽から鉢上げ苗の大きさ、手順は図5、表2の通りである。

パプリカの苗つくりはピーマンに準じて行なえばよい。

●失敗しないポイント

ピーマンは、葉や茎の組織が硬い苗ではいい成績は望めない。みずみずしくてやさしい姿に仕上げなければならない。組織をかたくする原因は、低温か乾燥である。低温か乾燥にあうと、葉が内側に巻き気味になって組織が硬化していく（図6）。

また、定植遅れによる根づまりも組織を硬化させる。適期には必ず定植することが大切だ。たとえば12cmポットの場合、第1果が花のうちに必ず定植しなければならない。第1果の肥大が始まるころに定植すると収量は上がらない（図7）。

●温度管理と液肥やり

表3、4の通り。

図1　ピーマンの苗つくりの手順

作業名	タネまき	発芽そろい	鉢上げ	セル苗定植	9cmポット定植	12cmポット定植
タネまき後日数	0	6	15	25	38	43

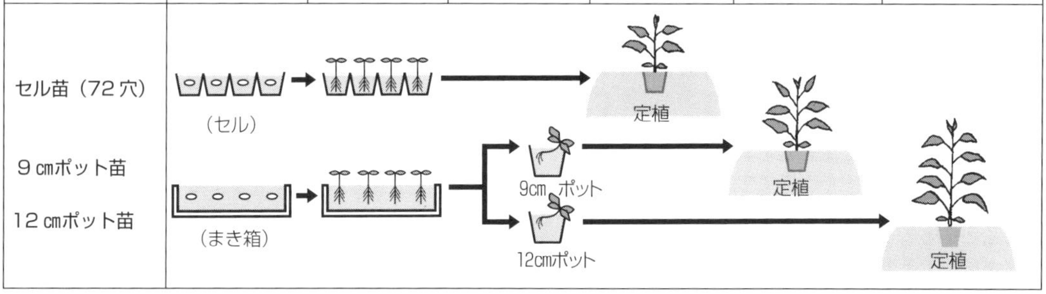

図2　ピーマンセル苗の定植適期

図3　ピーマン9cmポット苗の定植適期

図4　ピーマン12cmポット苗の定植適期（第1花開花直前）

表1　ピーマン苗の定植適期の大きさ　（単位はcm）

育て方	草丈	葉数	最大葉の位置と大きさ		
			位置	長さ	幅
セル苗	12	4枚	1枚目	9	4
9cmポット苗	20	10枚	3枚目	17	6
12cmポット苗	33	12枚	7枚目	20	6

＊セル苗はセル内に直接まき。
＊葉数は主幹の葉数である。12cmポット苗では、これに加え第1次分枝葉数が4枚展開。

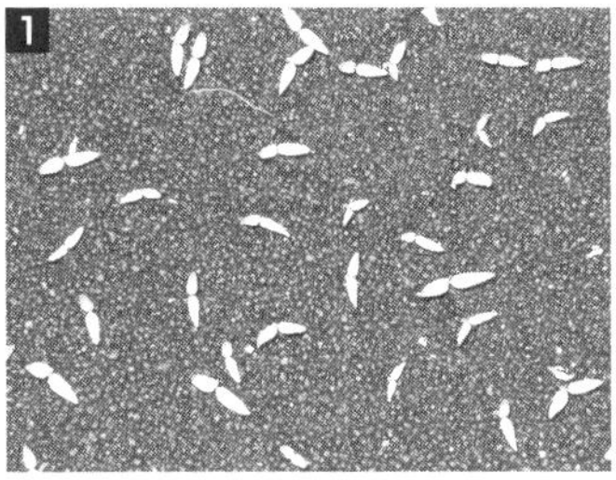

まき箱で発芽したピーマン

鉢上げ適期の苗

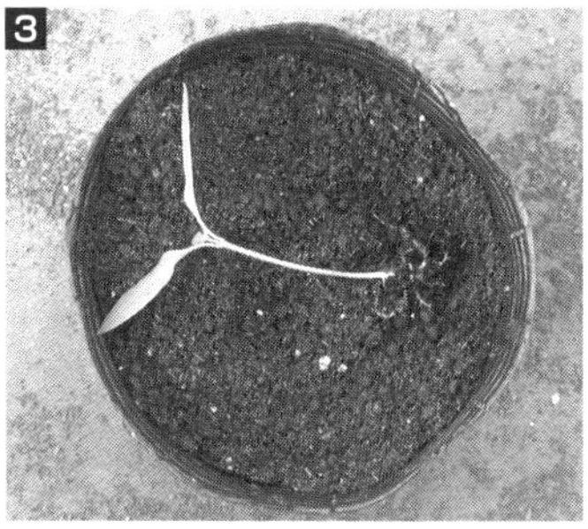

まき箱から取り出した苗をポットに寝かして置く

胚軸がかくれるところまで土をかぶせる（寝かせ植えの方法は42ページ参照）

鉢上げ1日後にはすくっと首をもたげ1㎝くらい伸びる

鉢上げ5日後には1.5㎝くらい伸び、葉数もふえる

図5　ピーマンの発芽から鉢上げの手順

表2　ピーマンのポット苗の鉢上げ時の大きさ

（単位は㎝）

胚軸長	子葉		本葉長
	長さ	幅	
9	5	4	1

表3　ピーマン苗の温度管理目標

		タネまき～発芽	発芽後～苗つくり終了まで	参考
低温期	昼間	30℃	25～30℃	10℃で生育はストップする
	夜間	20℃	15～18℃	
普通期～高温期	夜・昼	なりゆき（35℃以上にならないよう注意）		

図6　ピーマンは葉の硬い苗（右）にしてはならない。左は健全苗

葉が内に巻いて硬化するのは低温か乾燥が原因

表4　ピーマン苗の液肥をやる時期

タネまき後日数	0	10	20	30	40
セル苗	◎	◎	◎		
9㎝ポット苗	◎	◎	◎	◎	
12㎝ポット苗	◎	◎	◎	◎	◎

図7　定植適期をのがしたピーマンの苗

自根苗

メロン

●苗つくりの手順とめざす苗

苗つくりの手順は図1の通り。セル苗はタネまき後18日で定植する。ポット苗は、9㎝ポットでは26日、12㎝ポットでは30日で定植する（表1、図2、3、4）。

アールス型メロン以外の露地メロンやハウスメロンは、主枝を2本にして栽培するので本葉4枚を残して摘心する。時期はタネまき後30日である。

タネまきから鉢上げ苗の生育、大きさは図5、表2に示した。

●失敗しないポイント

メロンの苗は、みずみずしい姿に仕上げなければならない。こじらせるといい果実はならない。こじらせる原因は、低温や乾燥などいろいろあるが、最も注意すべきことは、定植遅れである。適期には必ず定植することが大切だ（図6）。

●温度管理と液肥やり

表3、4の通り。

図1　メロンの苗つくりの手順

作業名	タネまき	発芽そろい	鉢上げ	セル苗定植	9㎝ポット定植	12㎝ポット定植
タネまき後日数	0	4	6	18	26	30

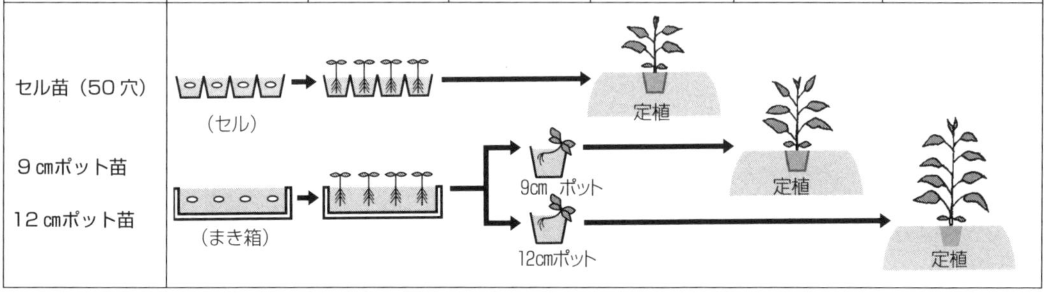

＊アールス型メロンは摘心せず1本立て。露地メロンやハウスメロンと呼ばれる種類は本葉4枚残して摘心する。その場合は摘心して定植、セル苗は定植後に摘心。

図2　メロン苗の定植適期

図3　メロン9㎝ポット苗の定植適期

図4　メロン12㎝ポット苗の定植適期
露地メロンやハウスメロンでは摘心して定植する

表1　メロン苗の定植適期の大きさ　（単位は㎝）

育て方	草丈	葉数	最大葉の位置と大きさ		
			位置	長さ	幅
セル苗	10	2枚	1枚目	6	8
9㎝ポット苗	5	3枚	1枚目	6	9
12㎝ポット苗	12	4枚	2枚目	8	12

＊セル苗はセル内に直接まく。
＊メロン苗はセル苗の草丈が高くなりがちである。

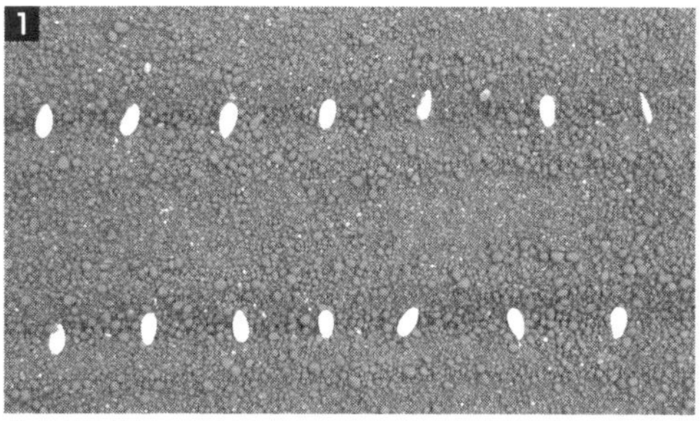

タネをならべてまく

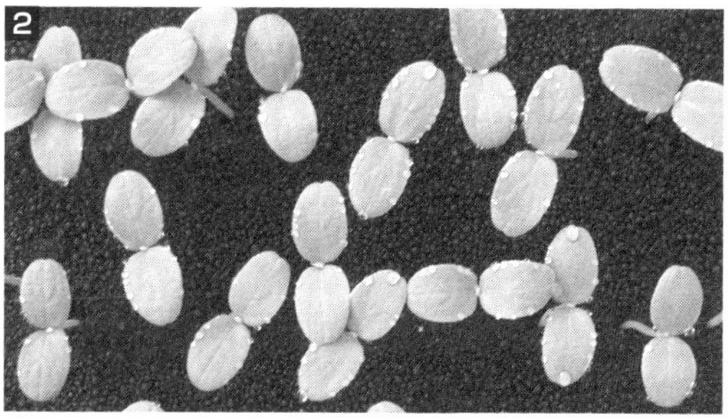

鉢上げ適期のメロン苗

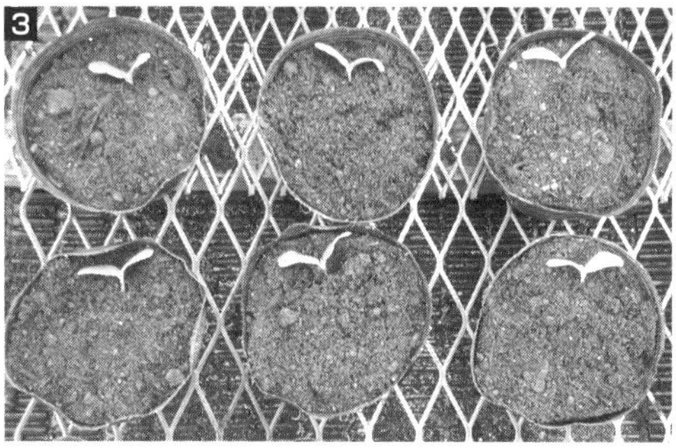

鉢上げされたメロン苗（寝かせ植え / 方法は 42 ページ参照）

鉢上げ翌日の苗
首をもたげて伸び出している

図５　メロンのタネまきから鉢上げ後の生育

表２　メロンのポット苗の鉢上げ時の大きさ（単位は㎝）

胚軸長	子葉		本葉長
	長さ	幅	
5	4	2	0

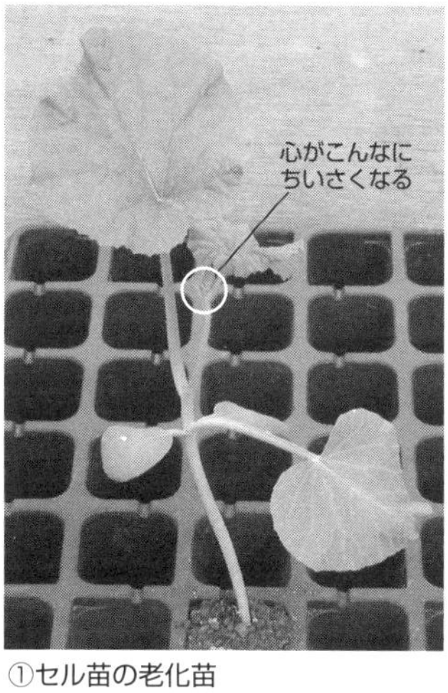

心がこんなに
ちいさくなる

①セル苗の老化苗
5 日前に定植する必要があった

② 12 ㎝ポットの老化苗(定植適期より 7 日後)

図６　定植遅れの老化苗にしない

表３　メロン苗の温度管理目標

		タネまき～発芽	発芽後～苗つくり終了まで
低温期	昼間	28 ～ 30℃	28℃
	夜間	20℃	18℃
普通期～高温期	夜・昼	なりゆき(35℃以上にならないよう注意)	

表４　メロン苗の液肥をやる時期

タネまき後日数	0	10	20	30
セル苗	◎	◎		
9 ㎝ポット苗	◎	◎	◎	
12 ㎝ポット苗	◎	◎	◎	◎

＊ 12 ㎝ポットの 30 日目の液肥やりは定植日にあたる。こういうタイミングの施肥は、苗に持たせて畑に送り出す意味で「弁当肥」などという。

自根苗

カボチャ

●苗つくりの手順とめざす苗

苗つくりの手順は図1の通りであるが、カボチャの苗は、果菜中最も生育が早く、またたく間に苗ができあがる。セル苗はタネまき後13日で定植する（図2）。ポット苗は、9cmポットでは17日、12cmポットでも20日で定植期がやってくる（図3）。それぞれの定植期の苗の大きさは表1に示した。

タネまきから鉢上げ後の生育を図4、鉢上げ時の苗の大きさを表2に示した。

●失敗しないポイント

生育が早いことから二つの注意点が出てくる。一つは、地下部が地上部の伸長についていけない状態で生育することである。つまり、重い茎葉を充分ささえられない根張りの苗を管理することになり、「ころび苗」を出しやすい。

ころんだ苗は起き上がるとき胚軸を曲げるので、姿勢が悪くなる（図5）。ころび苗は、横なぐりの水かけをしたときに最も出やすい。水滴がまっすぐ上から降り注ぐような水かけをしなければならない。

もう一つの注意点は、定植適期をのがしやすいことである。適期をのがして大きくなりすぎると巻きづるが出る（図6）。巻きづるを見る前に植えなければならない。

●温度管理と液肥やり

表3、4の通り。

図1　カボチャの苗つくりの手順

作業名	タネまき	発芽そろい	鉢上げ	セル苗定植	9cmポット定植	12cmポット定植
タネまき後日数	0	5	6	13	17	20

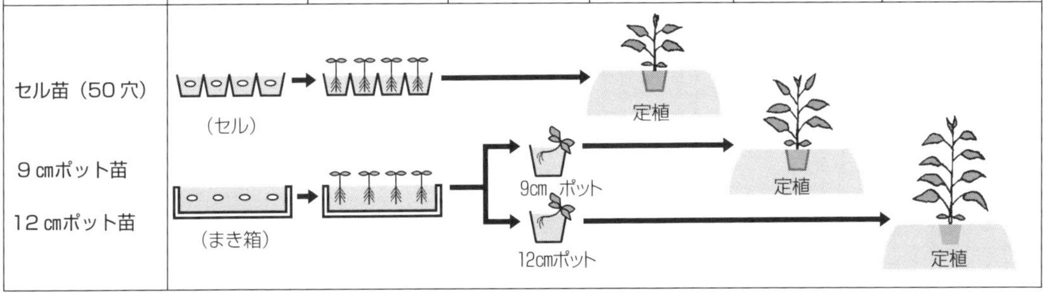

図2　カボチャセル苗の定植適期
上は定植適期の生育、右は苗の姿

図3　カボチャ12cmポット苗の定植適期

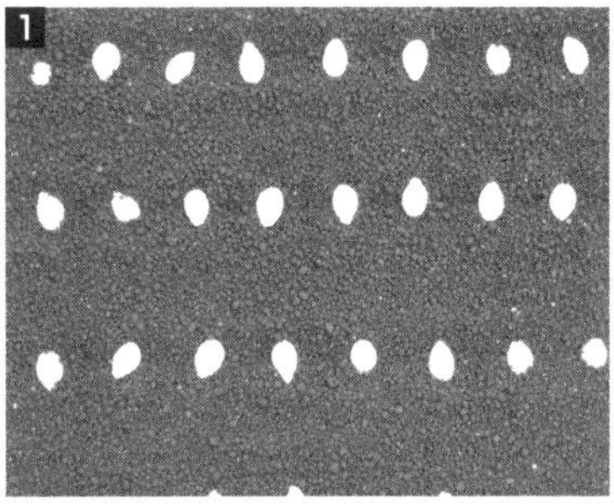

タネはならべてまく

鉢上げ適期（発芽翌日）

鉢上げ翌日の生育

図４　カボチャのタネまきから鉢上げ後の生育

①左はころび苗。右のよい苗は上から見ても姿が美しい。

②よい苗は胚軸がすくっと立っている

③ころび苗は胚軸が曲がり、姿勢が定まらない

図５　「ころび苗」を出さない

① 9 ㎝ポットの老化苗
（適期から 10 日後で、つる長 30 ㎝）

② 12 ㎝ポットの老化苗
（適期から 10 日後で、つる長 40 ㎝）

図６　定植適期をのがした老化苗

表１　カボチャ苗の定植適期の大きさ　（単位は㎝）

育て方	草丈	葉数	最大葉の位置と大きさ		
			位置	長さ	幅
セル苗	11	２枚	１枚目	6	7
9 ㎝ポット苗	5	３枚	２枚目	7	12
12 ㎝ポット苗	12	４枚	４枚目	11	16

＊セル苗はセル内に直接まく。
＊カボチャはセル苗の草丈が高くなりがちである。

表２　カボチャのポット苗の鉢上げ時の大きさ
（単位は㎝）

胚軸長	子葉		本葉長
	長さ	幅	
5	4	4	0.5

表３　カボチャ苗の温度管理目標

		タネまき～発芽	発芽後～苗つくり終了まで
低温期	昼間	25 ～ 28℃	22 ～ 24℃
低温期	夜間	18℃	15℃
普通期～高温期	夜・昼	なりゆき (35℃以上にならないよう注意)	

＊セル苗はセル内に直接まく。
＊メロン苗はセル苗の草丈が高くなりがちである。

表４　カボチャ苗の液肥をやる時期

タネまき後日数	0	10	20
セル苗	◎	◎	
9 ㎝ポット苗	◎	◎	
12 ㎝ポット苗	◎	◎	◎

＊ 12 ㎝ポットの 20 日後は「弁当肥」。

自根苗

ニガウリ

●苗つくりの手順とめざす苗

苗つくりの手順は図１の通りであるが、ニガウリの苗は、洋種カボチャ同様に生育が早い。セル苗はタネまき後 12 日で定植する。ポット苗は、９cmポットでは 19 日、12 cmポットでも 23 日で定植期がやってくる。定植適期の苗の大きさと姿を表１、図２、３、４に、またタネまき、鉢上げ適期の苗の大きさと姿を図５、６、表２に示した。

ニガウリはタネが硬いため、発芽時になんらかの手助けの必要を感じさせやすく、ペンチなどで種皮の一部に割れ目を入れる例を見かける。しかし、これは必要ない。多くのウリ類の発芽のように、タネの片方がくっついた状態で子葉が抜け出すのなら、割れ目の効果はあろう。しかし、ニガウリはタネの両側がはずれて発芽してくる。しかも、発芽時にはたいへんはずれやすくなる。

●失敗しないポイント

ニガウリは高温を好む。発芽適温やその後の管理の適温も、ほかの果菜より高い。寒い時期の苗つくりでは、しっかり保温して低温にあわせないようにしなければならない。

一方、つるの伸びが非常に早いため、支柱は長めのものを準備するのがいいだろう。

また、定植遅れの影響を長く引きずるので、適期の定植につとめる。とくにセル苗は劣化が早く、適期を過ぎるとみるみる心が小さくなる（図７）。こういう苗は定植後の回復に長い期間を要する。

●温度管理と液肥やり

表３、４の通り。

図１　カボチャの苗つくりの手順

作業名	タネまき	発芽そろい	鉢上げ	セル苗定植	９cmポット定植	12 cmポット定植
タネまき後日数	0	4	7	12	19	23

セル苗（50穴）
９cmポット苗
12 cmポット苗

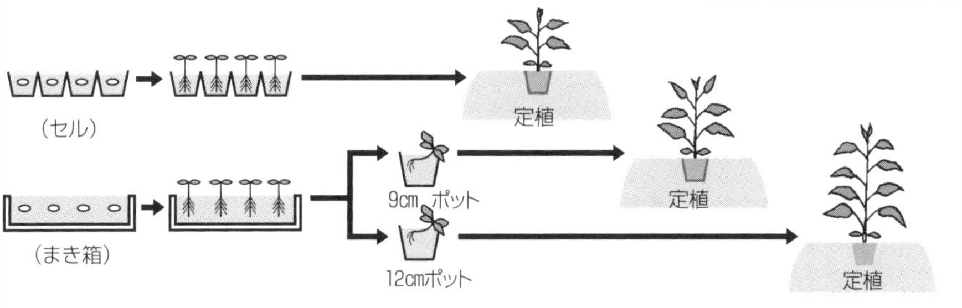

図２　ニガウリセル苗の定植適期

表１　ニガウリ苗の定植適期の大きさ　（単位はcm）

育て方	草丈	葉数	最大葉の位置と大きさ		
			位置	長さ	幅
セル苗	12	２枚	１枚目	7	8
９cmポット苗	32	６枚	３枚目	10	10
12 cmポット苗	45	８枚	５枚目	12	12

＊セル苗はセル内に直接まく。

表２　ニガウリのポット苗の鉢上げ時の大きさ　（単位はcm）

草丈	葉数	葉の大きさ	
		長さ	幅
7	２枚	2	2

＊ニガウリは本葉が出て鉢上げする。

図３　ニガウリ９㎝ポット苗の定植適期

図４　ニガウリ 12 ㎝ポット苗の定植適期

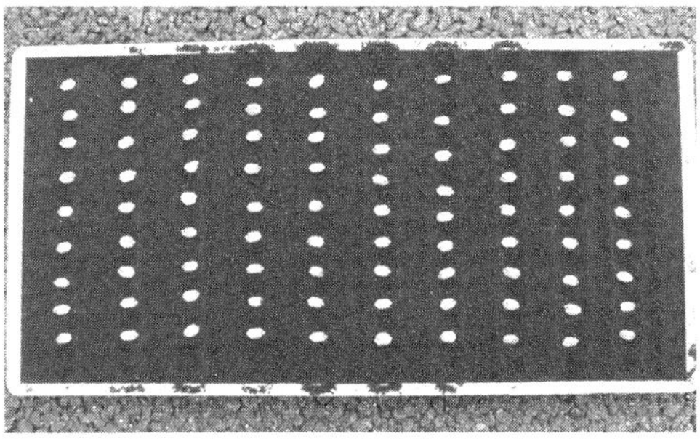

図５　ニガウリのタネまき
発芽促進のための種皮の傷つけは必要はない

図６　鉢上げ適期の苗
本葉が出ている

①根づまりで葉にかくれるように小さくなった心　②健全な心

図７　根づまりすると心が小さくなる

表３　ニガウリ苗の温度管理目標

		タネまき～発芽	発芽後～苗つくり終了まで
低温期	昼間	30 ～ 33℃	26 ～ 30℃
	夜間	20℃	15℃
普通期～高温期	夜・昼	なりゆき（35℃以上にならないよう注意）	

表４　ニガウリ苗の液肥をやる時期

タネまき後日数	0	10	20
セル苗	◎	◎	
９㎝ポット苗	◎	◎	
12 ㎝ポット苗	◎	◎	◎

自根苗

シロウリ

●苗つくりの手順とめざす苗

苗つくりの手順は図1の通りである。セル苗はタネまき後20日で定植する。ポット苗は、9cmポットでは31日、12cmポットでは34日で定植する（表1、図2、3、4）。

シロウリは、主枝を4本にして栽培するので、本葉5枚を残して摘心する。摘心時期は9cmポット苗の定植期にあたる。

タネまきから鉢上げ後の生育を図5、鉢上げ時の苗の大きさは表2の通りである。

●失敗しないポイント

シロウリは低温に敏感で、14℃くらいまで温度が下がると目にみえて生育が悪くなる。温度管理には万全を期した苗つくりをしなければならない。

節々に親づる葉でも子づる葉でもない托葉状の不整形の小葉を出す。とくに苗を摘心すると急速に出てくる。この葉は取り除いたほうがよい（図6）。シロウリの重要病害のうどんこ病は、この葉にまず発生してひろがるからである。

なお、多くの果菜と同様、必ず適期に定植しないと収量が上がらない（図7）。

●温度管理と液肥やり

表3、4の通り。

図1　シロウリの苗つくりの手順

作業名	タネまき	発芽そろい	鉢上げ	セル苗定植	9cmポット定植	12cmポット定植
タネまき後日数	0	4	7	20	31	34

セル苗（50穴）

9cmポット苗

12cmポット苗

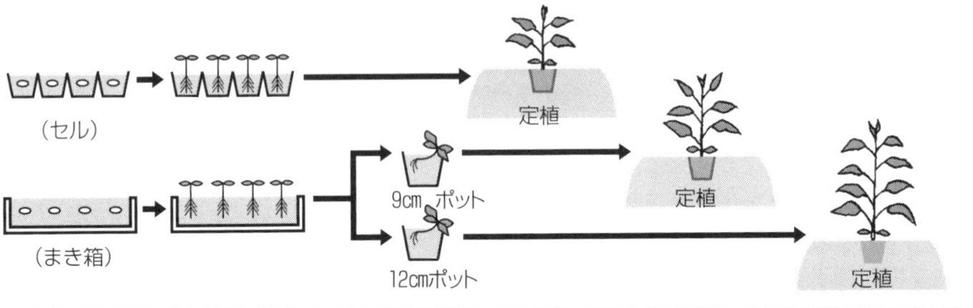

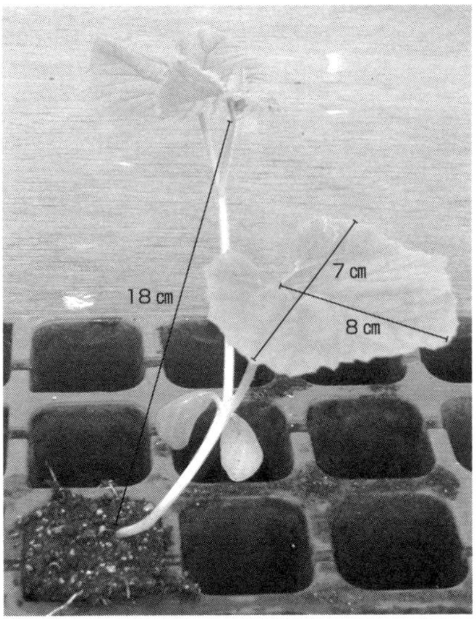

図2　シロウリセル苗の定植適期

表1　シロウリ苗の定植適期の大きさ　（単位はcm）

育て方	草丈	葉数	最大葉の位置と大きさ 位置	長さ	幅
セル苗	18	3枚	1枚目	8	7
9cmポット苗	15	5枚	3枚目	10	12
12cmポット苗	18	5枚	3枚目	12	15

＊セル苗はセル内に直接まく。
＊シロウリはセル苗の草丈が高くなりがちである。
＊ポット苗は5枚で摘心しておく。

表2　シロウリのポット苗の鉢上げ時の大きさ

（単位はcm）

胚軸長	子葉 長さ	子葉 幅	本葉長
4	4	2	0

図3　シロウリ9㎝ポット苗の定植適期
摘心して、その日に植える

図4　シロウリ12㎝ポット苗の定植適期

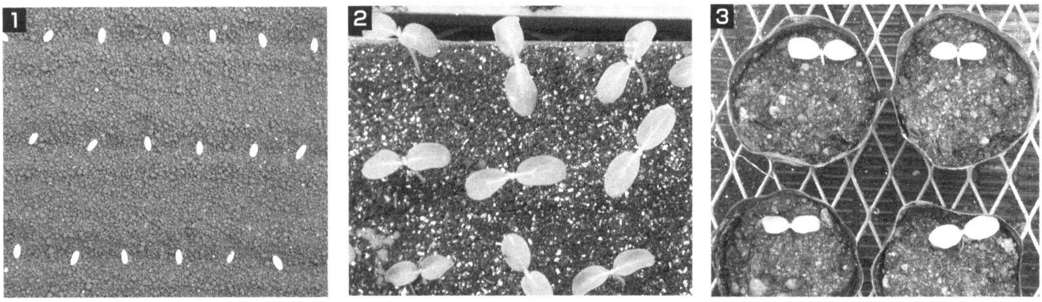

タネはならべてまく　　鉢上げ適期の苗　　鉢上げ翌日の状態

図5　シロウリのタネまきから鉢上げ後の生育

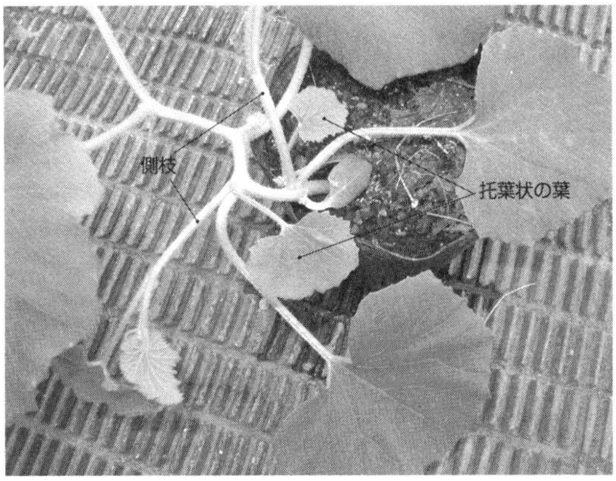

図6　シロウリの托葉状の不整形の葉は取り除いて植える

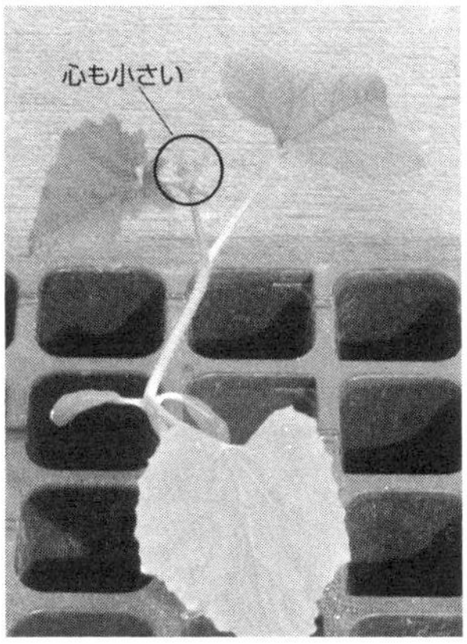

図7　シロウリセル苗の老化苗
5日前に定植する必要があった

表3　シロウリ苗の温度管理目標

		タネまき～発芽	発芽後～苗つくり終了まで
低温期	昼間	28～30℃	26～28℃
	夜間	22℃	20℃
普通期～高温期	夜・昼	なりゆき（35℃以上にならないよう注意）	

表4　シロウリ苗の液肥をやる時期

タネまき後日数	0	10	20
セル苗	◎	◎	
9㎝ポット苗	◎	◎	
12㎝ポット苗	◎	◎	◎

＊セル苗の20日の液肥は「弁当肥」。

自根苗

ユウガオ

●苗つくりの手順とめざす苗

苗つくりの手順は図1の通りである。セル苗はタネまき後15日で定植する。ポット苗は、9cmポットでは28日、12cmポットでは31日で定植する（表1、図2、3、4）。ユウガオは、主枝を3本にして栽培するので、本葉5～6枚を残して摘心するが、苗つくり中にその時期はこない。定植したあとに摘心することになる。

タネまきから鉢上げ後の生育を図5、鉢上げ時の苗の大きさは表2の通りである。

●失敗しないポイント

ユウガオの苗は胚軸が伸びやすい。鉢上げのときに胚軸を埋めることができるポット苗なら、長い胚軸でも問題はないが、長い胚軸のままで苗つくりをすすめるセル苗は、水のかけ方に注意しないとすぐころぶ。ころぶと地下部の上端（胚軸下端）が露出して、もう起き上がることはできず、首だけもたげた姿勢の悪い苗になる。水かけは横なぐりにならないようにし、水滴がまっすぐ上から降り注ぐようにしなければならない。

なお、多くの果菜と同様、適期には必ず定植しないと収量が上がらない。

●温度管理と液肥やり

表3、4の通り。

図1　ユウガオの苗つくりの手順

作業名	タネまき	発芽そろい	鉢上げ	セル苗定植	9cmポット定植	12cmポット定植
タネまき後日数	0	5	6	15	28	31

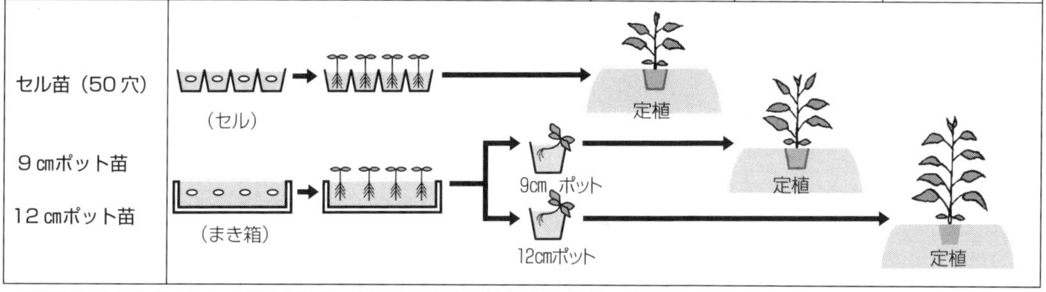

＊定植後は主枝を3本にして栽培するので本葉5～6枚で摘心するが、苗つくりでは、その時期はこない。定植後の作業になる。

表1　ユウガオ苗の定植適期の大きさ　（単位はcm）

育て方	草丈	葉数	最大葉の位置と大きさ		
			位置	長さ	幅
セル苗	18	2枚	1枚目	8	9
9cmポット苗	12	3枚	2枚目	12	12
12cmポット苗	18	4枚	2枚目	12	18

＊セル苗はセル内に直接まく。
＊ユウガオはセル苗の草丈が高くなりがちである。
＊ポット苗は5枚で摘心しておく。

図2　ユウガオセル苗の定植適期

表2　ユウガオのポット苗の鉢上げ時の大きさ

（単位はcm）

胚軸長	子葉		本葉長
	長さ	幅	
6	5	3	0

表3　ユウガオ苗の温度管理目標

		タネまき～発芽	発芽後～苗つくり終了まで
低温期	昼間	25～28℃	25℃
	夜間	20℃	18℃

表4　ユウガオ苗の液肥をやる時期

タネまき後日数	0	10	20	30
セル苗	◎	◎		
9cmポット苗	◎	◎	◎	
12cmポット苗	◎	◎	◎	◎

図３　ユウガオ９㎝ポット苗の定植適期

図４　ユウガオ 12 ㎝ポット苗の定植適期

①胚軸が長いままなので、横なぐりの水かけをすると倒れやすく、最下部が地上に露出する

②胚軸の最下部が地上に露出すると起き上がれず、首だけもたげる（左）。右は健全苗

図６ セル苗は「ころび苗」になりやすい

タネはならべてまく

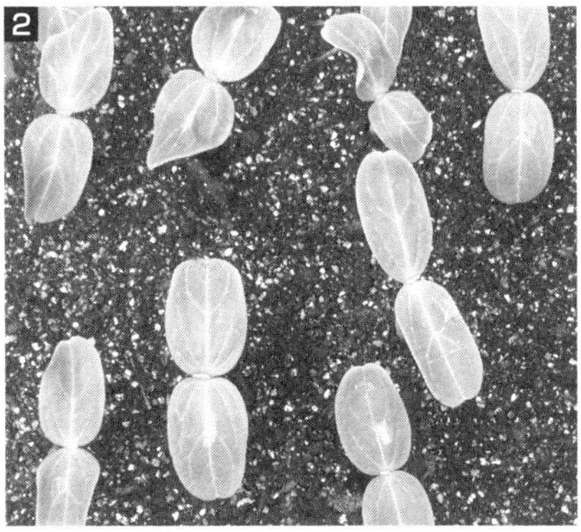

鉢上げ適期の苗

鉢上げしたユウガオ苗

図５　ユウガオのタネまきから鉢上げ後の生育

図７　ユウガオ 12 ㎝ポットの定植遅れ苗
葉数４～５枚で最大葉の長さ幅とも 20 ㎝くらいになっている

自根苗

ズッキーニ

●苗つくりの手順とめざす苗

苗つくりの手順は図1の通りである。

セル苗はタネまき後15日、ポット苗は9cmポットでは20日、12cmポットでは28日で定植する。それぞれの定植期の苗の大きさと姿を表1、図2、3、4に示した。

タネまきから鉢上げ後の生育を図5、鉢上げ時の苗の大きさは表2の通りである。

●失敗しないポイント

本書で取り上げたウリ類の中でただ一つ、高温をきらう果菜である。ほかのウリ類とは感覚をきりかえて温度管理をする。

ズッキーニは同じ仲間のカボチャ（「属」が同じで「種」は異なる）同様、生長が早く、短期間の間に新しい葉がどんどん出る。葉の数や大きさだけなら、定植適期は図1に示した時期よりも早くてもいいようにみえてしまう。しかし、根鉢は葉の生長にワンテンポ遅れるので、葉の状態だけで判断して定植しようとすると、根鉢がくずれて活着しない。ズッキーニの定植適期は日数重視でいく。

ただし、適期を過ぎると急速に老化がすすむので、定植遅れも禁物である（図6、7）。

●温度管理と液肥やり

表3、4の通り。

図1　ズッキーニの苗つくりの手順

作業名	タネまき	発芽そろい	鉢上げ	セル苗定植	9cmポット定植	12cmポット定植
タネまき後日数	0	5	6	15	20	28

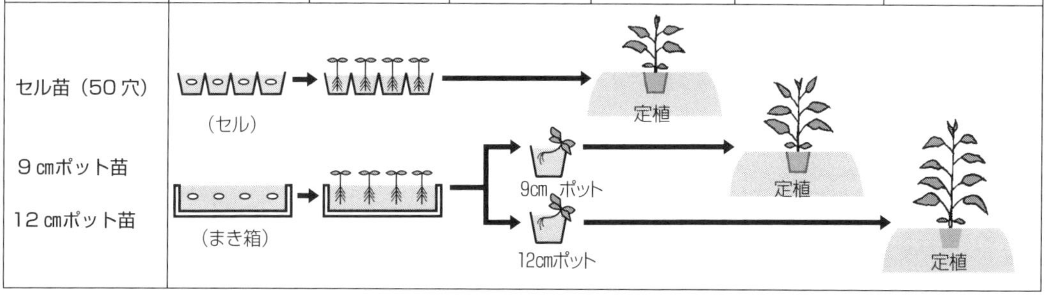

図2　ズッキーニセル苗の定植適期
（左はわるい苗、右はよい苗）
左の苗は初期の乾燥で1、2葉が枯れてしまっている

表1　ズッキーニ苗の定植適期の大きさ　（単位はcm）

育て方	草丈	葉数	最大葉の位置と大きさ		
			位置	長さ	幅
セル苗	10	3枚	3枚目	7	9
9cmポット苗	5	5枚	3枚目	10	13
12cmポット苗	7	7枚	4枚目	15	20

＊セル苗はセル内に直接まく。
＊ズッキーニは節がつまって草丈が低い。
＊セル苗の草丈が高くなりがちである。

表2　ズッキーニのポット苗の鉢上げ時の大きさ
（単位はcm）

胚軸長	子葉		本葉長
	長さ	幅	
5	6	4	1

図３　ズッキーニ９㎝ポット苗の定植適期

図４　ズッキーニ 12 ㎝ポット苗の定植適期

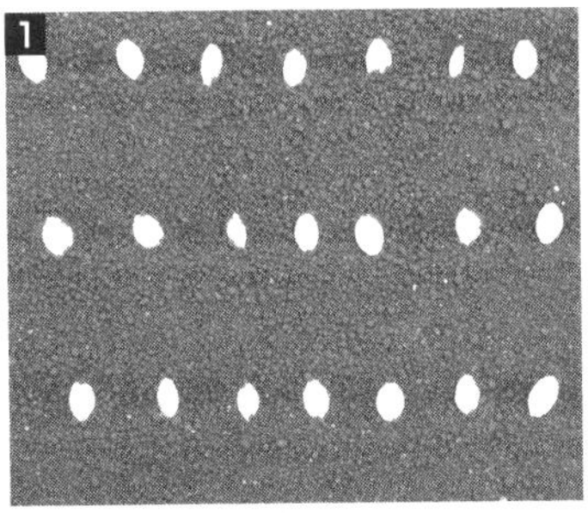

タネはならべてまく

鉢上げ適期の苗

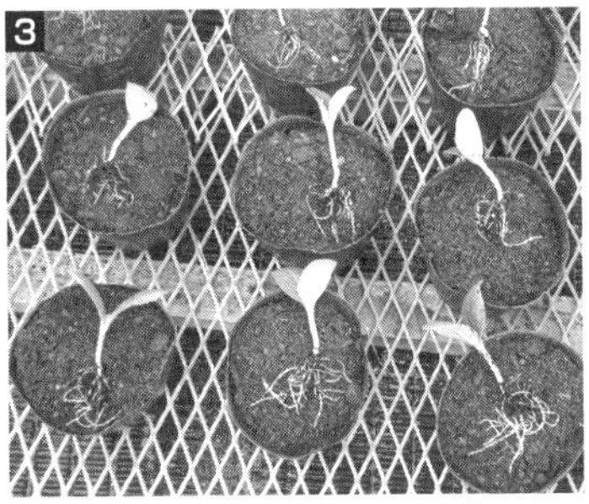

ポットの上に寝かして置かれた苗

鉢上げされたズッキーニ
（「寝かせ植え」42 ページ参照）

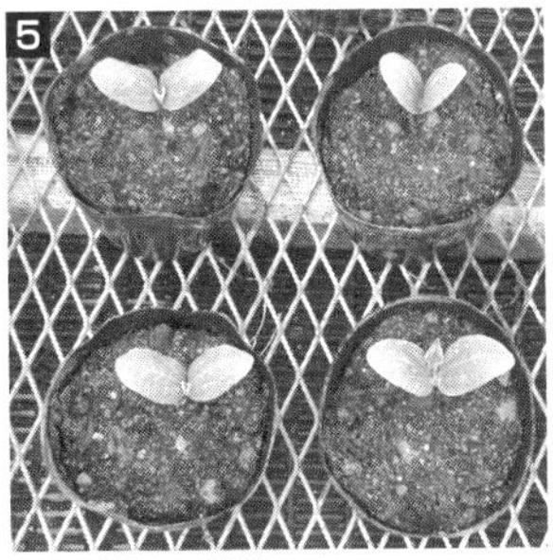

鉢上げ翌日の状態

図５　ズッキーニのタネまきから鉢上げ後の生育

表３　ズッキーニ苗の温度管理目標

		タネまき～発芽	発芽後～苗つくり終了まで
低温期	昼間	25℃	20～25℃
	夜間	18℃	15℃
普通期～高温期	夜・昼	なりゆき（30℃以上にならないよう注意）	

表４　ズッキーニ苗の液肥をやる時期

タネまき後日数	0	10	20
セル苗	◎	◎	
９㎝ポット苗	◎	◎	
12 ㎝ポット苗	◎	◎	◎

＊９㎝ポット苗の 20 日目は「弁当肥」。

図６　９㎝ポットの定植遅れ苗
（適期より５日遅れ）

図７　12 ㎝ポットの定植遅れ苗
葉数８枚、葉柄 25 ㎝、葉長・幅とも 25 ㎝くらい

自根苗

トウガン

●苗つくりの手順とめざす苗

苗つくりの手順は図1の通りである。セル苗はタネまき後15日で定植する。ポット苗は、9㎝ポットでは25日、12㎝ポットでは28日で定植する（表1、図2、3、4）。

トウガンは、主枝を4～5本にして栽培するので、本葉5枚を残して摘心する。摘心時期は12㎝ポット苗の定植期にあたる。

タネまきから鉢上げ後の生育を図5、鉢上げ時の苗の大きさは表2の通りである。

●失敗しないポイント

トウガンは、定植後の生育はたいへん強健である。しかし、苗の時期はどちらかというと、各種ストレスに弱い。たとえば鉢上げのとき、根をできるだけ切らないようにまき箱から苗をとりあげないと、数日、生長がストップしてしまう。ただし、断根しないようていねいに鉢上げすれば、図3、4のように腰のすわった丈夫な苗になる。

定植適期を過ぎると急速に老化がすすむので、定植遅れは禁物である（図6）。

●温度管理と液肥やり

表3、4の通り。

図1　トウガンの苗つくりの手順

作業名	タネまき	発芽そろい	鉢上げ	セル苗定植	9㎝ポット定植	12㎝ポット定植
タネまき後日数	0	6～7	8	15	25	28

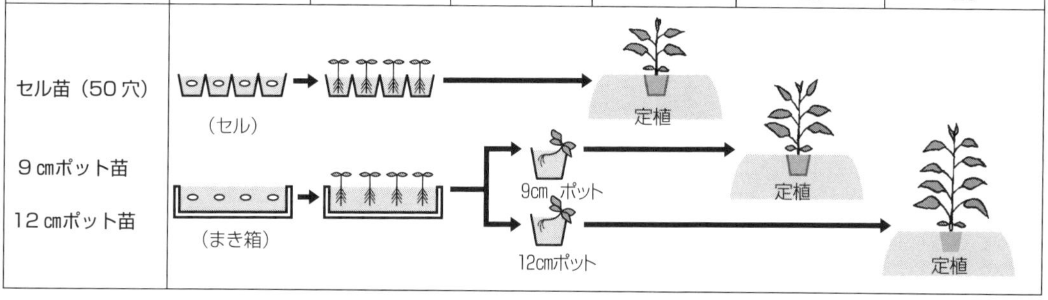

図2　トウガンセル苗の定植適期

表1　トウガン苗の定植適期の大きさ　（単位は㎝）

育て方	草丈	葉数	最大葉の位置と大きさ		
			位置	長さ	幅
セル苗	13	3枚	1枚目	8	10
9㎝ポット苗	7	4枚	2枚目	8	11
12㎝ポット苗	15	5枚	4枚目	13	13

＊セル苗はセル内に直接まく。
＊セル苗は草丈が高くなりがちである。

表2　トウガンのポット苗の鉢上げ時の大きさ　（単位は㎝）

胚軸長	子葉		本葉長
	長さ	幅	
2	4	2	0

図３　トウガン９㎝ポット苗の定植適期

図４　トウガン 12 ㎝ポット苗の定植適期

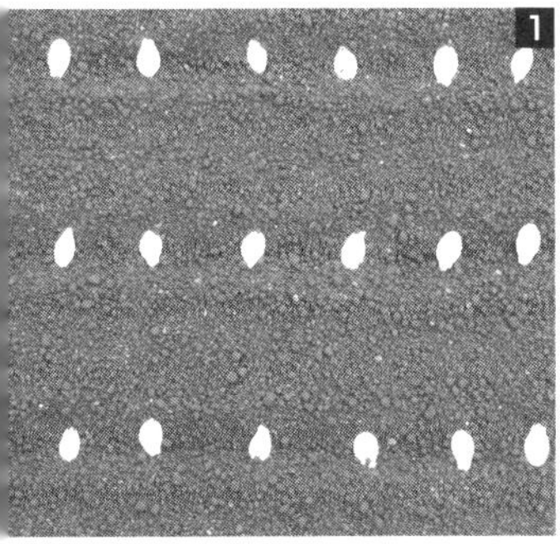

タネはならべてまく

鉢上げ適期の苗

鉢上げした苗
（「寝かせ植え」42 ページ参照）

図５　トウガンのタネまきから鉢上げ後の生育

①セル苗の老化苗
（5 日前に出す必要があった）

②９㎝ポット苗の定植遅れ
（5 日前に植えなければならなかった）

図６　定植が遅れた老化苗

表３　トウガン苗の温度管理目標

		タネまき～発芽	発芽後～苗つくり終了まで
低温期	昼間	28 ～ 30℃	25 ～ 28℃
	夜間	20℃	18℃
普通期～高温期	夜・昼	なりゆき（35℃以上にならないよう注意）	

表４　トウガン苗の液肥をやる時期

タネまき後日数	0	10	20
セル苗	◎	◎	
９㎝ポット苗	◎	◎	◎
12 ㎝ポット苗	◎	◎	◎

自根苗

ヘチマ

●苗つくりの手順とめざす苗

苗つくりの手順は図1の通りである。セル苗はタネまき後20日で、ポット苗は9㎝ポットでは25日、12㎝ポットでは28日で定植する（表1、図2、3）。

ヘチマは主枝を4～5本にして栽培するので、本葉を4～5枚を残して摘心する。4枚で摘心する場合、セル苗もポット苗も苗床での摘心になる。

タネまきから鉢上げ後の生育を図4、鉢上げ時の苗の大きさは表2の通りである。

●失敗しないポイント

タネまき後20日（セル苗定植適期）ころまでの生育は比較的ゆっくりしているが、その後は急速にすすみ、ポット苗の定植適期がすぐにやってくる。苗のうちにやっておかなければならない病害虫防除や、畑の準備が遅れないように注意する。

●温度管理と液肥やり

表3、4の通り。

図1　ヘチマの苗つくりの手順

作業名	タネまき	発芽そろい	鉢上げ	セル苗定植	9㎝ポット定植	12㎝ポット定植
タネまき後日数	0	5～6	7	20	25	28

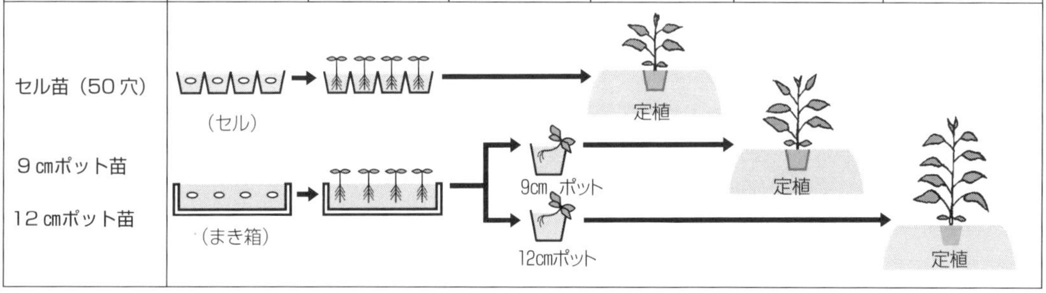

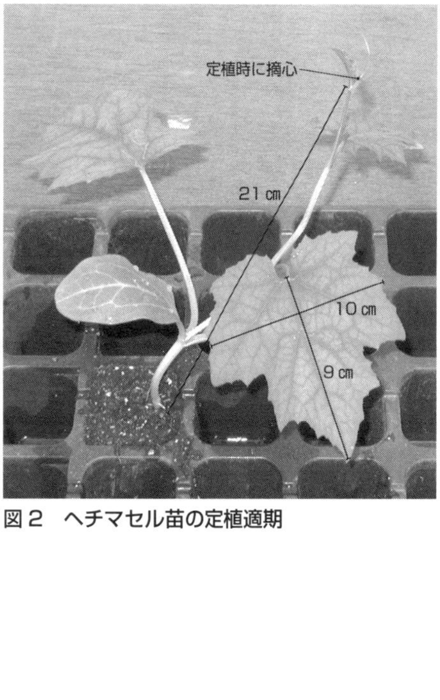

図2　ヘチマセル苗の定植適期

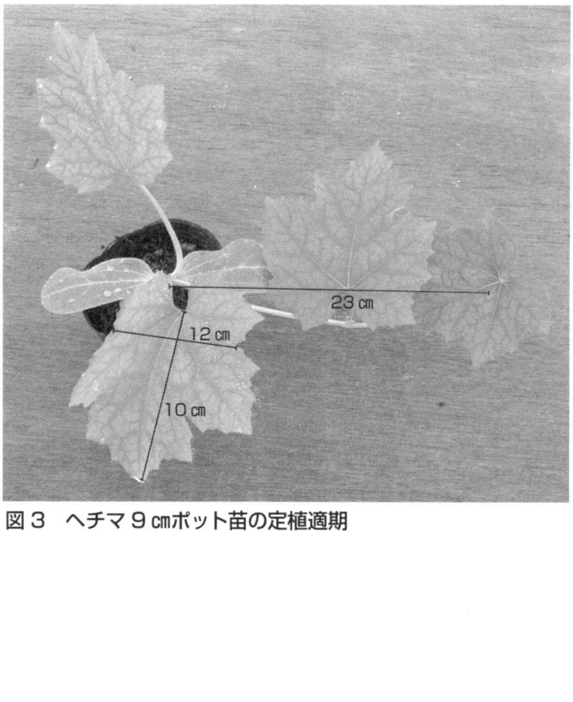

図3　ヘチマ9㎝ポット苗の定植適期

タネはならべてまく

鉢上げ適期の苗

鉢上げした苗
（「寝かせ植え」42ページ参照）

図4　ヘチマのタネまきから鉢上げ後の生育

表1　ヘチマ苗の定植適期の大きさ　（単位はcm）

育て方	草丈	葉数	最大葉の位置と大きさ		
			位置	長さ	幅
セル苗	21	4枚	2枚目	9	10
9cmポット苗	23	4枚	2枚目	10	12
12cmポット苗	24	4枚	3枚目	13	15

＊セル苗はセル内に直接まく。
＊セル苗、ポット苗とも4～5枚で摘心する。

表2　ヘチマのポット苗の鉢上げ時の大きさ

（単位はcm）

胚軸長	子葉		本葉長
	長さ	幅	
4	6	4	0

表3　ヘチマ苗の温度管理目標

		タネまき～発芽	発芽後～苗つくり終了まで
低温期	昼間	28～30℃	25～30℃
	夜間	25℃	15℃

表4　ヘチマ苗の液肥をやる時期

タネまき後日数	0	10	20
セル苗	◎	◎	◎
9cmポット苗	◎	◎	◎
12cmポット苗	◎	◎	◎

＊20日目のセル苗は「弁当肥」。

自根苗

イチゴ

●露地やトンネル栽培でも秋に収穫

①花芽ができた苗を植える

一部で栽培されている四季なり性品種でなければ、イチゴを露地やトンネルで栽培する場合は、秋に植えて春から夏にかけて収穫する。結氷の早い地帯ではハウス栽培でないと無理であるが、結氷が12月以降の地帯では露地やトンネルでも秋のうちに一度収穫するのは可能である。年内に収穫できるよろこびは格別なうえ、苗つくりのたのしみも堪能できる。

秋のうちに収穫するためには、定植するときに花芽ができていなければならない。花芽ができるためには、晩夏から初秋の涼しくなる時期に苗の肥料（窒素）を一度切らなければならない。肥料を切るためには、根が容器内になければならない。

②容器による苗つくりが必須

イチゴは畑に植えさえすれば、毎年子苗を出してひとりでに株は更新されるので、いわゆる「放任栽培」が可能である。しかし、放任栽培の子苗は肥料を自由に吸うので、花芽ができるのがおそく、秋の収穫をたのしむことはできない。秋の収穫のためには、どうしても容器内で苗をつくる必要がある。また苗をつくって定植することで、株間も適正にでき、一定方向に実を出させることもできる。

容器はセルかポットということになるが、セル苗は最初になる実が少ない。最初の実もしっかりとろうとしているのだから、苗はポットでつくったほうがよい。

●目標とする苗

花芽のできてほしい時期には肥料が切れた状態にもっていくが、それ以前は肥料を効かせて大きくて丈夫な苗をめざす。イチゴの苗つくりは時期により目的が異なり、それにつれて管理も変わる。

仕上がった苗の大きさの目標は、一番大きな葉の小葉が長さも幅も８cmくらいで、クラウンの径が１cm以上である。

●苗つくりの手順とポイント

苗つくりの手順は図１に示した。なお、失敗しないポイントは以下の通りである。

①イチゴの苗は地面に置いて育てるとタンソ病や疫病にかかりやすくなるので、苗は、網目状の金属板などの排水できる床を、専用の架台、あるいはセメントブロックの上に置いたあげ床で育てる。

図１　イチゴの苗つくりの手順

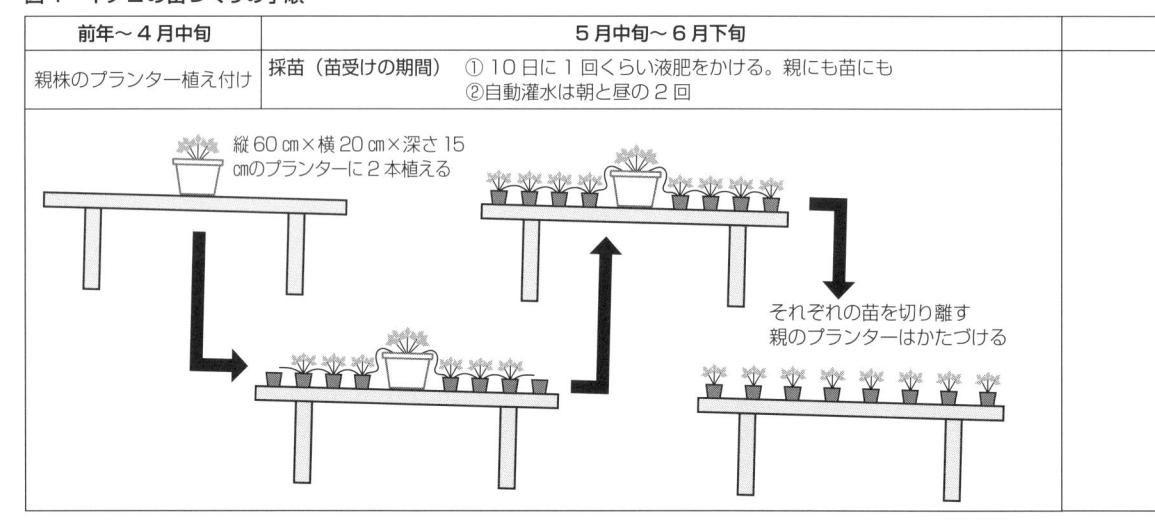

前年～４月中旬	５月中旬～６月下旬	
親株のプランター植え付け	採苗（苗受けの期間）　①10日に１回くらい液肥をかける。親にも苗にも ②自動灌水は朝と昼の２回	

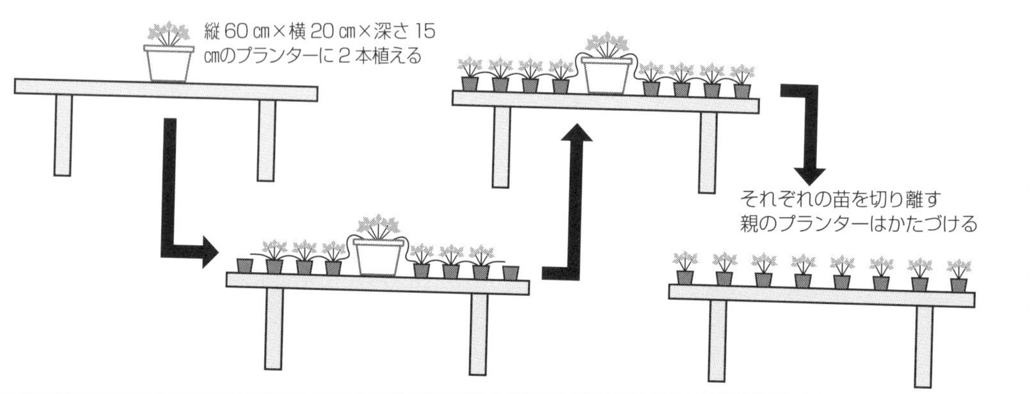

縦60㎝×横20㎝×深さ15㎝のプランターに２本植える
それぞれの苗を切り離す
親のプランターはかたづける

図2　散水型の有孔チューブで水かけ中
150 ㎝幅の架台に、3本配置する

図3　親株を植えたプランターの間隔をあけてポットを置く
とりあえずポットはまとめて置くのがよい

②水やりには、有孔チューブを設置するとよい。苗の上1mに、水の出る側を上向きに設置する（図2）。上向きにすることで水滴の滞空時間が長くなり、ゆらぎが生じて着地範囲が広がり、かかりムラが少なくなる。じゃ口に取り付け可能な自動灌水装置と組み合わせる。

③購入した親株を4月中旬までにプランターに植える（前年に植えておいてもかまわない）。翌年からは自家で親株を準備できる。a当たり30本いる。縦60㎝、横20㎝、深さ15㎝のプランターに2本ずつ植える。

④5月中旬～6月下旬（採苗期間）。プランターの間隔をあけてポットを並べ（図3）、伸び出してくる小苗をポット上に受けて固定する（図4、5）。この時期の水かけは、朝と昼に30分くらいである。10日に1回

Ⓐ
Ⓑ

図4　小苗（ランナー）押さえ
Ⓐ＝針金で自作したもので数年使う
Ⓑ＝生分解性の販売品で1年で土にかえる

図5　ランナーを鉢で受ける（鉢受け）
ランナーの元のほうを押さえる

	7月上旬～下旬	8月上旬～下旬	8月下旬～9月上旬	9月5日～10日
	①5日に1回液肥をかける ②自動灌水は朝と昼の2回(50分くらいずつ)	①液肥はやらない ②7月と同じ	花芽を早くする処理 (四つの方法)	定植
	葉数5枚になったら3.5枚にする摘葉をくり返す。定植時には5枚にもっていく			

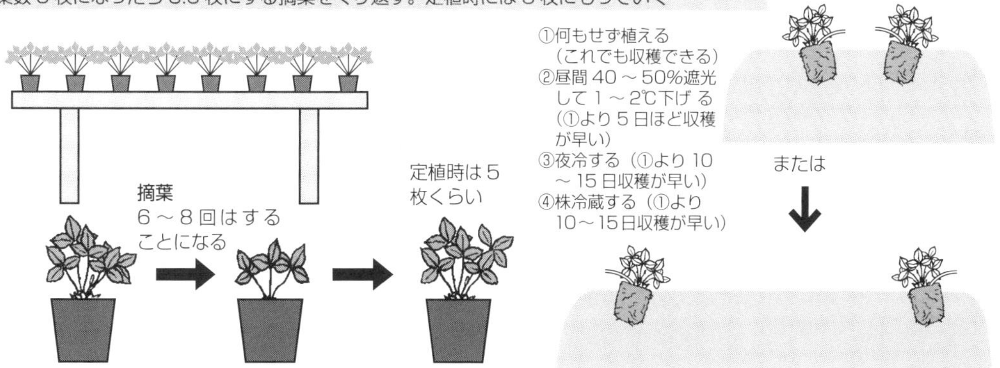
摘葉
6～8回はすることになる
定植時は5枚くらい
①何もせず植える（これでも収穫できる）
②昼間40～50%遮光して1～2℃下げる（①より5日ほど収穫が早い）
③夜冷する（①より10～15日収穫が早い）
④株冷蔵する（①より10～15日収穫が早い）
または

1

鉢受けが終わり切り離し直前の状態

2

親株側のランナーを２～３㎝残して苗を切り離す

3 定植は果実をならしたい反対側にランナーがいくように植える

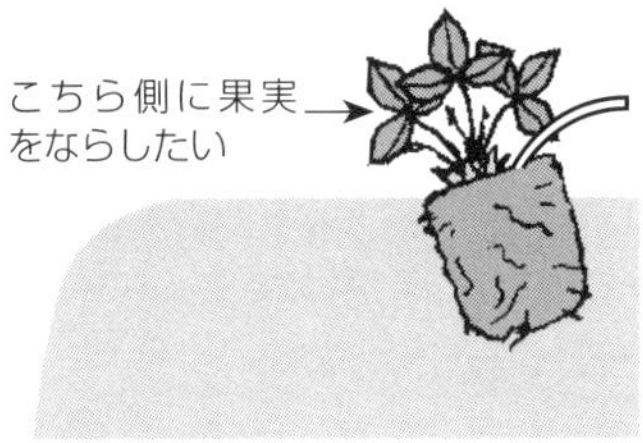

植え付け方

図６　苗を切り離す

液肥を与える。

⑤６月下旬（苗の切り離し）。親と苗、苗と苗を切り離す（図6）。定植するときの株の向きがわかるようにランナーの元のほう（親側）を数センチ残す。残したランナーの反対側に実は出てくる。

⑥７月上～下旬（苗をひときわ大きくする期間）。５日に１回液肥を与え、この１ヵ月で苗を大きくする（図7）。この時期以降の水かけは､朝と昼に50分くらいである。

⑦８月上～下旬（苗の体内窒素濃度を下げる期間）。この期間は液肥をやらない。20日～１ヵ月で苗の体内窒素濃度を下げて、花芽ができやすい状態にする。図８は仕上がった苗である。

⑧８月下旬から定植まで。花芽を早める四つの方法がある（図1、9）。 結氷の遅い地域であれば、どの方法でも露地、トンネル栽培で秋に収穫できる。しかし、結氷の早い地域や冬にはたとえ花が咲いたとしても実はとれない（図10）。

図７　切り離し後30日くらいの苗

摘葉が終わったばかりの状態で葉は３枚半

図８　できあがった苗

このまま植えるほかに、夜冷など花芽を早めるいくつかの方法がある

苗の目標はクラウ径１㎝以上、小葉の長さ・幅とも８㎝くらいである

①ハウスを利用して遮光ネットを張り温度を下げる
これからネットを張るところ

②夜冷施設の前に置かれた苗。夜は施設内に入れる

図９　花芽を早める方法

図10　冬の露地では花は咲いても実はとれない

付録 1

畑100㎡（1a）使う場合の必要な種子数や必要苗床面積

接ぎ木苗

品目	育苗形態	定植株数	よい苗の割合を考慮 × 1.1	接ぎ木活着率を考慮 × 1.1	発芽率を考慮 × 1.1（タネまき数）	容器必要数	最初の置き場所面積	苗を広げた置き場所面積	通路・まき箱のスペースを考慮 × 1.5（必要苗床面積）
トマト	72 穴セル	204	224	246	**270**	4	0.72 ㎡	1.44 ㎡	**2.2 ㎡**
	9 cmポット					224	1.18	3.62	**5.4**
	12 cmポット					224	3.23	6.46	**9.7**
ナス	72 穴セル	142	156	172	**189**	3	0.54	1.08	**1.6**
	9 cmポット					156	1.26	2.52	**3.8**
	12 cmポット					156	2.25	4.50	**6.8**
キュウリ	50 穴セル	115	127	140	**154**	3	0.54	1.08	**1.6**
	9 cmポット					127	1.03	2.06	**3.1**
	12 cmポット					127	1.83	3.66	**5.5**
スイカ	50 穴セル	80	88	97	**107**	2	0.36	0.72	**1.1**
	9 cmポット					88	0.71	1.42	**2.1**
	12 cmポット					88	1.27	2.54	**3.8**

注 1）定植株数は、付録 6 中の最も栽植密度の高い作型の株数。
　2）容器必要数のポットは、セル経由の二次育苗を想定。

自根苗

品目	育苗形態	定植株数	よい苗の割合を考慮 × 1.1	発芽率を考慮 × 1.1(タネまき数)	容器必要数	最初の置き場所面積	苗を広げた置き場所面積	通路・まき箱のスペースを考慮 × 1.5(必要苗床面積)
ピーマン	72 穴セル	142	156	**172**	3	0.54 ㎡	1.08 ㎡	**1.6 ㎡**
	9 cmポット				156	1.26	2.52	**3.8**
	12 cmポット				156	2.24	4.48	**6.7**
メロン	50 穴セル	125	138	**152**	3	0.54	1.08	**1.6**
	9 cmポット				138	1.12	2.24	**3.4**
	12 cmポット				138	1.98	3.96	**5.9**
カボチャ トウガン	50 穴セル	33	36	**40**	1	0.18	0.18	**0.4**
	9 cmポット				36	0.29	0.58	**0.9**
	12 cmポット				36	0.52	1.04	**1.6**
ニガウリ	50 穴セル	30	33	**36**	1	0.18	0.18	**0.4**
	9 cmポット				33	0.27	0.54	**0.8**
	12 cmポット				33	0.48	0.96	**1.4**
シロウリ	50 穴セル	35	39	**43**	1	0.18	0.18	**0.4**
	9 cmポット				39	0.32	0.64	**1.0**
	12 cmポット				39	0.56	1.12	**1.7**
ユウガオ	50 穴セル	8	9	**10**	1	0.18	0.18	**0.4**
	9 cmポット				9	0.07	0.14	**0.2**
	12 cmポット				9	0.13	0.26	**0.4**
ズッキーニ	50 穴セル	56	62	**68**	2	0.36	0.72	**1.1**
	9 cmポット				62	0.50	1.00	**1.5**
	12 cmポット				62	0.89	1.78	**2.7**
ヘチマ	50 穴セル	13	14	**15**	1	0.18	0.18	**0.4**
	9 cmポット				14	0.11	0.22	**0.3**
	12 cmポット				14	0.20	0.40	**0.6**
イチゴ	9 cmポット	770	847	−	847	6.87	13.74	**20.6**
	12 cmポット				847	12.2	24.40	**36.6**

注 1）定植株数は、付録 6 中の最も栽植密度の高い作型の株数。
　2）タネまき数がセル穴の単位数の 10 以内の超過の場合は切り捨てて、必要なセルトレイ数とした。

畑100㎡（1a）の場合の苗つくりに必要な土の量（リットル）-1

接ぎ木苗

品目	接ぎ木法	育て方		タネまき用の土	セル用の土	ポット用の土
トマト	居接ぎと断根接ぎ	自家育苗	セル苗（本圃にそのまま定植）	20	16	–
			セル苗を9㎝ポットで二次育苗	20	16	56
			セル苗を12㎝ポットで二次育苗	20	16	112
		セル苗購入	本圃にそのまま定植	–	–	–
			9㎝ポットで二次育苗	–	–	56
			12㎝ポットで二次育苗	–	–	112
		接ぎ木直後苗の購入	セル苗（本圃にそのまま定植）	–	16	–
			セル苗を9㎝ポットで二次育苗	–	16	56
			セル苗を12㎝ポットで二次育苗	–	16	112
ナス	居接ぎ	自家育苗	セル苗（本圃にそのまま定植）	15	12	–
			セル苗を9㎝ポットで二次育苗	15	12	39
			セル苗を12㎝ポットで二次育苗	15	12	78
		セル苗購入	本圃にそのまま定植	–	–	–
			9㎝ポットで二次育苗	–	–	39
			12㎝ポットで二次育苗	–	–	78
キュウリ	断根接ぎ	自家育苗	セル苗（本圃にそのまま定植）	20	12	–
			セル苗を9㎝ポットで二次育苗	20	12	39
			セル苗を12㎝ポットで二次育苗	20	12	78
		セル苗購入	本圃にそのまま定植	–	–	–
			9㎝ポットで二次育苗	–	–	39
			12㎝ポットで二次育苗	–	–	78
		接ぎ木直後苗の購入	セル苗（本圃にそのまま定植）	–	12	–
			セル苗を9㎝ポットで二次育苗	–	12	39
			セル苗を12㎝ポットで二次育苗	–	12	78
	呼び接ぎ	自家育苗	9㎝ポットで二次育苗	20	–	39
			12㎝ポットで二次育苗	20	–	78
スイカ	断根接ぎ	自家育苗	セル苗（本圃にそのまま定植）	20	8	–
			セル苗を9㎝ポットで二次育苗	20	8	22
			セル苗を12㎝ポットで二次育苗	20	8	44
		セル苗購入	本圃にそのまま定植	–	–	–
			9㎝ポットで二次育苗	–	–	22
			12㎝ポットで二次育苗	–	–	44
	居接ぎ	自家育苗	9㎝ポットで二次育苗	20	–	22
			12㎝ポットで二次育苗	20	–	44

注1）付録6中で最も多くの株を植える作型で算出。
2）セルの規格はトマト、ナスは72穴、キュウリ、スイカは50穴。
3）セルに台木をタネまきする居接ぎの場合も、補植用の台木と穂木はまき箱にまくのでタネまき用の土が必要である。
4）接ぎ木直後苗の購入は、現在販売されている品目のみを示した。
5）算出基礎の土量：まき箱1個5リットル、セルトレイ1個4リットル、9㎝ポット0.25リットル（8分目）、12㎝ポット0.5リットル（8分目）。

自根苗

品目	育て方		タネまき用の土	セル用の土	ポット用の土
ピーマン	自家育苗	セル苗（本圃にそのまま定植）	–	15	–
		9㎝ポット苗	10	–	39
		12㎝ポット苗	10	–	78
	セル苗購入	本圃にそのまま定植	–	–	–
		9㎝ポットで二次育苗	–	–	39
		12㎝ポットで二次育苗	–	–	78

品目	育苗形態		タネまき用の土	セル用の土	ポット用の土
メロン	自家育苗	セル苗（本圃にそのまま定植）	–	15	–
		9㎝ポット苗	10	–	35
		12㎝ポット苗	10	–	69
	セル苗購入	本圃にそのまま定植	–	–	–
		9㎝ポットで二次育苗	–	–	35
		12㎝ポットで二次育苗	–	–	69
カボチャ トウガン	自家育苗	セル苗（本圃にそのまま定植）	–	4	–
		9㎝ポット苗	5	–	9
		12㎝ポット苗	5	–	18
	セル苗購入	本圃にそのまま定植	–	–	–
		9㎝ポットで二次育苗	–	–	9
		12㎝ポットで二次育苗	–	–	18
ニガウリ	自家育苗	セル苗（本圃にそのまま定植）	–	4	–
		9㎝ポット苗	5	–	8
		12㎝ポット苗	5	–	16
	セル苗購入	本圃にそのまま定植	–	–	–
		9㎝ポットで二次育苗	–	–	8
		12㎝ポットで二次育苗	–	–	16
シロウリ	自家育苗	セル苗（本圃にそのまま定植）	–	4	–
		9㎝ポット苗	5	–	10
		12㎝ポット苗	5	–	20
	セル苗購入	本圃にそのまま定植	–	–	–
		9㎝ポットで二次育苗	–	–	10
		12㎝ポットで二次育苗	–	–	20
ユウガオ	自家育苗	セル苗（本圃にそのまま定植）	–	4	–
		9㎝ポット苗	5	–	3
		12㎝ポット苗	5	–	6
	セル苗購入	本圃にそのまま定植	–	–	–
		9㎝ポットで二次育苗	–	–	3
		12㎝ポットで二次育苗	–	–	6
ズッキーニ	自家育苗	セル苗（本圃にそのまま定植）	–	8	–
		9㎝ポット苗	5	–	16
		12㎝ポット苗	5	–	32
	セル苗購入	本圃にそのまま定植	–	–	–
		9㎝ポットで二次育苗	–	–	16
		12㎝ポットで二次育苗	–	–	32
ヘチマ	自家育苗	セル苗（本圃にそのまま定植）	–	5	–
		9㎝ポット苗	5	–	4
		12㎝ポット苗	5	–	8
	セル苗購入	本圃にそのまま定植	–	–	–
		9㎝ポットで二次育苗	–	–	4
		12㎝ポットで二次育苗	–	–	8
イチゴ	自家育苗	9㎝ポット苗	–	–	212
		12㎝ポット苗	–	–	424

注1）付録6中で最も多くの株を植える作型で算出。
　2）セル苗はセル内にまく。ポット苗は箱にまき、発芽後に鉢上げ。
　3）セルの規格はピーマンのみ72穴で、ほかの品目は50穴。
　4）現在セル苗の販売されていない品目も、可能性として算出した。

接ぎ木苗

品目	接ぎ木法	育て方	全行程を自分でまかなう場合			セル苗を購入する場合
			タネまき～接ぎ木 （ ）内は台木	接ぎ木～定植	苗つくり全日数	ポット移植後定植までの日数
トマト	居接ぎと断根接ぎ	72穴セル（本圃にそのまま定植） 9㎝ポット（セル苗の二次育苗） 12㎝ポット（セル苗の二次育苗）	15（15）	20 30 37	35 45 52	– 10 17
ナス	居接ぎ	72穴セル（本圃にそのまま定植） 9㎝ポット（セル苗の二次育苗） 12㎝ポット（セル苗の二次育苗）	20（35）	17 32 47	52 67 82	– 15 30
キュウリ	断根接ぎ	50穴セル（本圃にそのまま定植） 9㎝ポット（セル苗の二次育苗） 12㎝ポット（セル苗の二次育苗）	7（7）	15 23 27	22 30 34	– 8 12
	呼び接ぎ	9㎝ポット（最初からポット） 12㎝ポット（最初からポット）	9（7）	23 28	32 37	– –
スイカ	断根接ぎ	50穴セル（本圃にそのまま定植） 9㎝ポット（セル苗の二次育苗） 12㎝ポット（セル苗の二次育苗）	6（8）	18 28 33	26 36 41	– 10 15
	居接ぎ	9㎝ポット（最初からポット） 12㎝ポット（最初からポット）	5（9）	24 33	33 42	– –

注1）セル苗を購入する場合は、表内のサイズのセル苗で、本圃に植えることが可能な苗齢に達していることを想定。
2）接ぎ木直後の苗を購入する場合の苗つくりの日数は、接ぎ木以降の日数ということになる。はぶかれるのは「タネまき～接ぎ木」までの日数である。
3）トマトは台木のまき方により、苗つくりの日数が2日延びる場合がある（64ページ参照）。

自根苗

品目	育苗形態	全行程を自分でまかなう場合			セル苗を購入する場合
		タネまき～鉢上げ	鉢上げ～定植	苗つくり全日数	ポット移植後定植までの日数
ピーマン	72穴セル 9㎝ポット 12㎝ポット	– 15 15	– 23 28	25 38 43	– 18 23
メロン	50穴セル 9㎝ポット 12㎝ポット	– 6 6	– 20 24	18 26 30	– 8 12
カボチャ	50穴セル 9㎝ポット 12㎝ポット	– 6 6	– 11 14	13 17 20	– 4 7
ニガウリ	50穴セル 9㎝ポット 12㎝ポット	– 7 7	– 12 16	12 19 23	– 7 11
シロウリ	50穴セル 9㎝ポット 12㎝ポット	– 7 7	– 24 27	20 31 34	– 11 14
ユウガオ	50穴セル 9㎝ポット 12㎝ポット	– 6 6	– 21 24	15 28 31	– 13 16
ズッキーニ	50穴セル 9㎝ポット 12㎝ポット	– 6 6	– 14 22	15 20 28	– 5 13
トウガン	50穴セル 9㎝ポット 12㎝ポット	– 8 8	– 17 20	15 25 28	– 10 13
ヘチマ	50穴セル 9㎝ポット 12㎝ポット	– 7 7	– 17 20	20 25 28	– 5 8
イチゴ	9㎝ポット 12㎝ポット	– –	65 80	65 80	– –

注1）セル苗はセル内にまく。ポット苗は箱にまき、発芽後に鉢上げ。

付録4

無加温で栽培できる作型（苗つくりの間は加温が必要な作型もある）

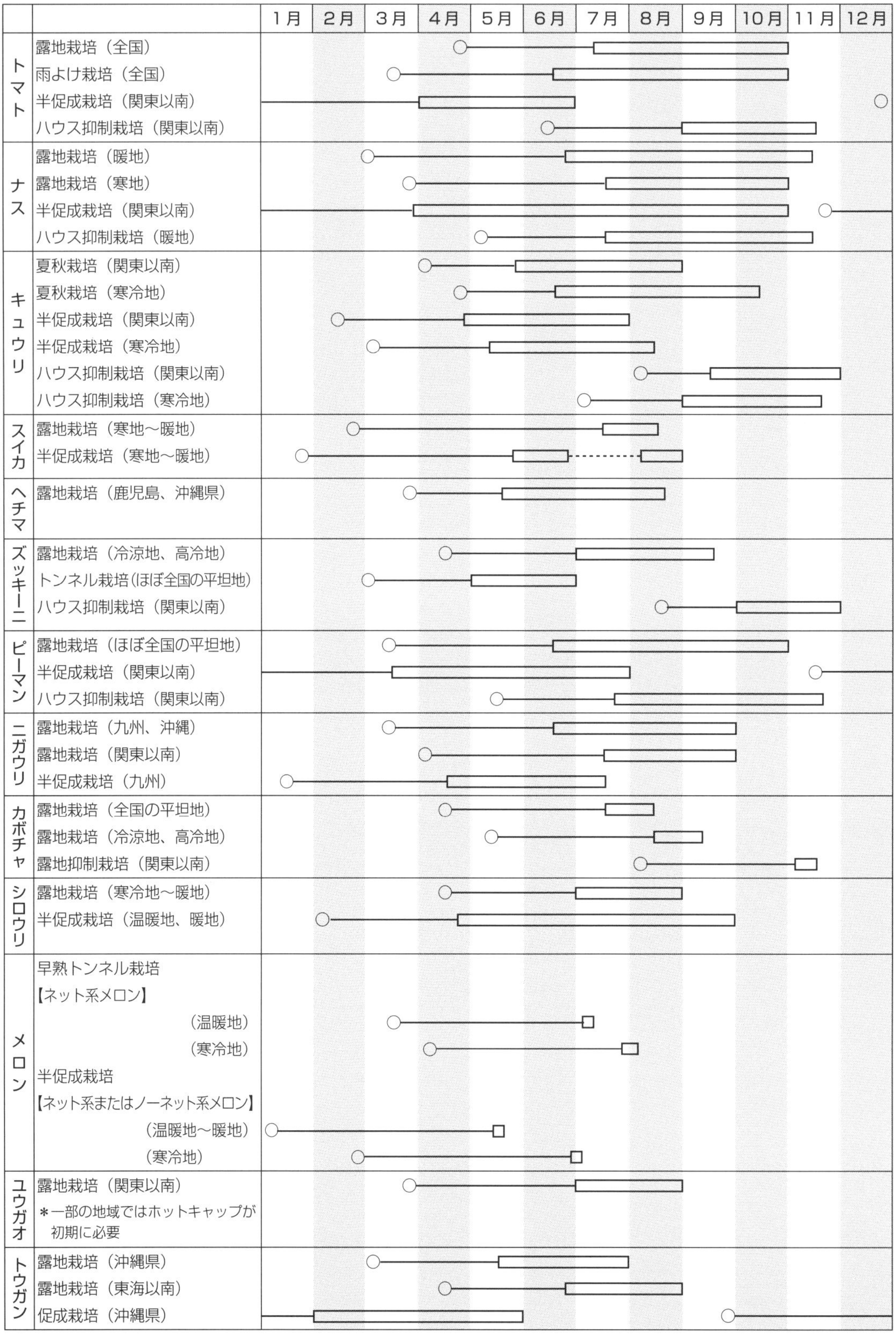
1月
2月
3月
4月
5月
6月
7月
8月
9月
10月
11月
12月
トマト
露地栽培（全国）
雨よけ栽培（全国）
半促成栽培（関東以南）
ハウス抑制栽培（関東以南）
ナス
露地栽培（暖地）
露地栽培（寒地）
半促成栽培（関東以南）
ハウス抑制栽培（暖地）
キュウリ
夏秋栽培（関東以南）
夏秋栽培（寒冷地）
半促成栽培（関東以南）
半促成栽培（寒冷地）
ハウス抑制栽培（関東以南）
ハウス抑制栽培（寒冷地）
スイカ
露地栽培（寒地～暖地）
半促成栽培（寒地～暖地）
ヘチマ
露地栽培（鹿児島、沖縄県）
ズッキーニ
露地栽培（冷涼地、高冷地）
トンネル栽培（ほぼ全国の平坦地）
ハウス抑制栽培（関東以南）
ピーマン
露地栽培（ほぼ全国の平坦地）
半促成栽培（関東以南）
ハウス抑制栽培（関東以南）
ニガウリ
露地栽培（九州、沖縄）
露地栽培（関東以南）
半促成栽培（九州）
カボチャ
露地栽培（全国の平坦地）
露地栽培（冷涼地、高冷地）
露地抑制栽培（関東以南）
シロウリ
露地栽培（寒冷地～暖地）
半促成栽培（温暖地、暖地）
メロン
早熟トンネル栽培
【ネット系メロン】
（温暖地）
（寒冷地）
半促成栽培
【ネット系またはノーネット系メロン】
（温暖地～暖地）
（寒冷地）
ユウガオ
露地栽培（関東以南）
＊一部の地域ではホットキャップが初期に必要
トウガン
露地栽培（沖縄県）
露地栽培（東海以南）
促成栽培（沖縄県）

＊セル苗でもポット苗でも植える日は同じであるが、セル苗はこの図より収穫開始が遅れる。
＊スイカ、シロウリの露地栽培はトンネル栽培も含む。　＊ピーマンはパプリカを含む。

定植（取り出し）適期の根鉢

ポット苗

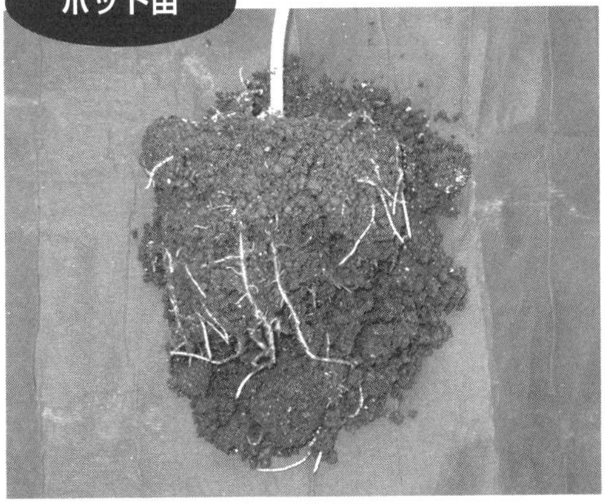

①-定植には早い。根鉢の形成不足

②-定植適期の根鉢

③-定植にはおそい。根がまわりすぎて老化にはいっている

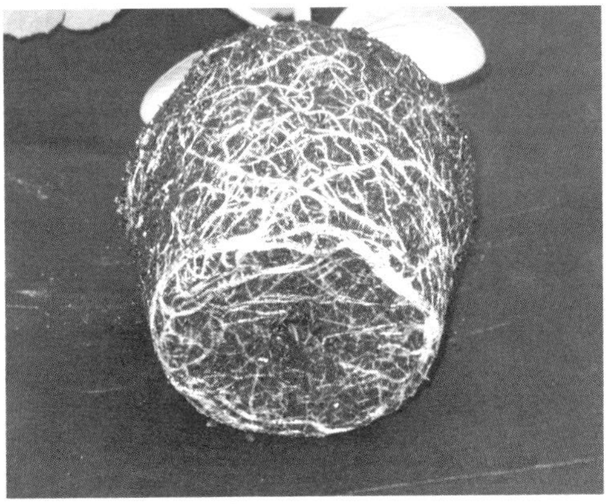

④-③は底まで根がビッシリ

セル苗

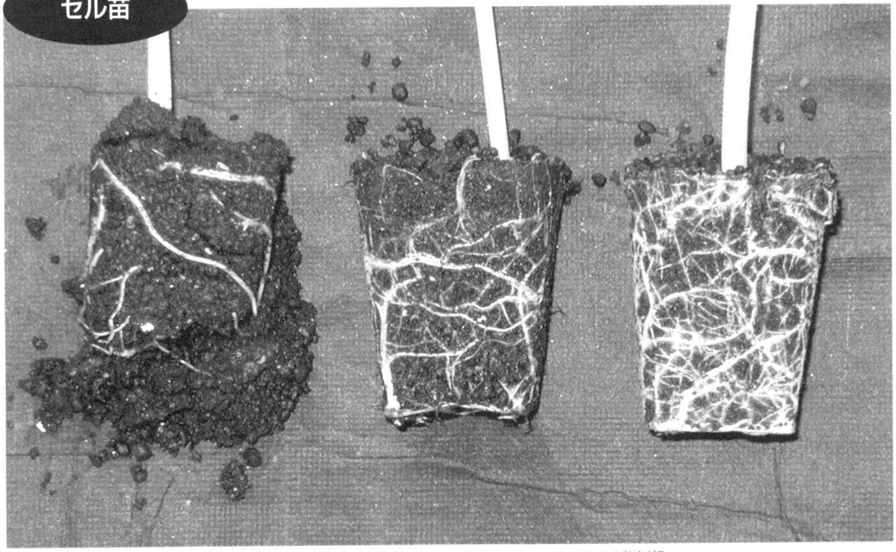

中央が取り出し適期。根鉢の高さの半分よりやや上まで根がまわったころが適期。
左は早すぎ、右はおそすぎで老化にはいっている

付録6

作型別栽培密度と100㎡（1a）当たり株数の例

[トマト]

どの作型も	ウネ幅 140 ㎝	株間 35 ㎝	204 株 / 100 ㎡

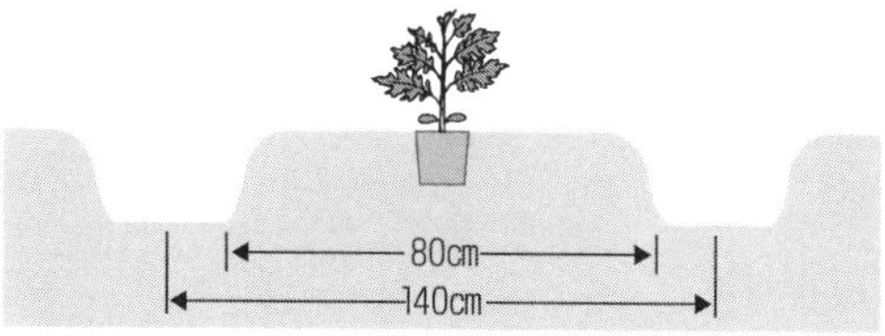

80㎝
140㎝

[ナス]

露地栽培	ウネ幅 200 ㎝	株間 55 ㎝（3 本仕立て）	90 株 / 100 ㎡
露地栽培	ウネ幅 200 ㎝	株間 70 ㎝（4 本仕立て）	70 株 / 100 ㎡
半促成栽培	ウネ幅 140 ㎝	株間 50 ㎝（3 本仕立て）	142 株 / 100 ㎡
ハウス抑制栽培	ウネ幅 140 ㎝	株間 50 ㎝（3 本仕立て）	142 株 / 100 ㎡

〈露地栽培〉

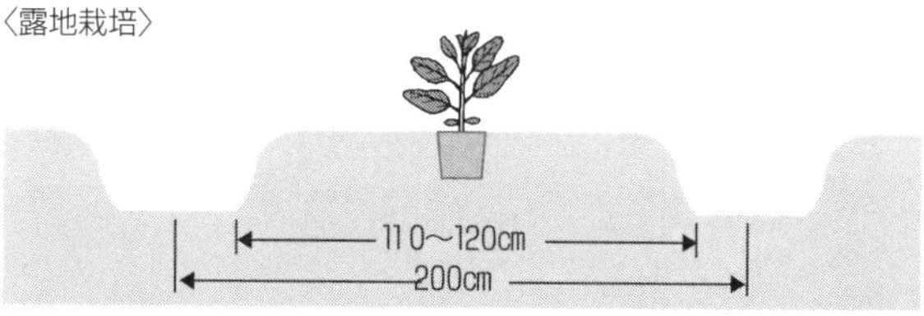

110～120㎝
200㎝

〈半促成栽培〉
〈ハウス抑制栽培〉

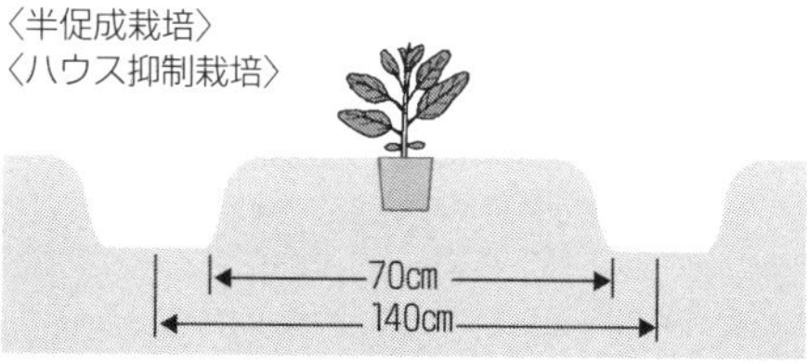

70㎝
140㎝

[キュウリ]

夏秋栽培	ウネ幅 250 ㎝	株間 70 ㎝（2 条）	115 株 / 100 ㎡
半促成栽培	ウネ幅 180 ㎝	株間 55 ㎝	100 株 / 100 ㎡
ハウス抑制栽培	ウネ幅 180 ㎝	株間 55 ㎝	100 株 / 100 ㎡

〈夏秋栽培〉

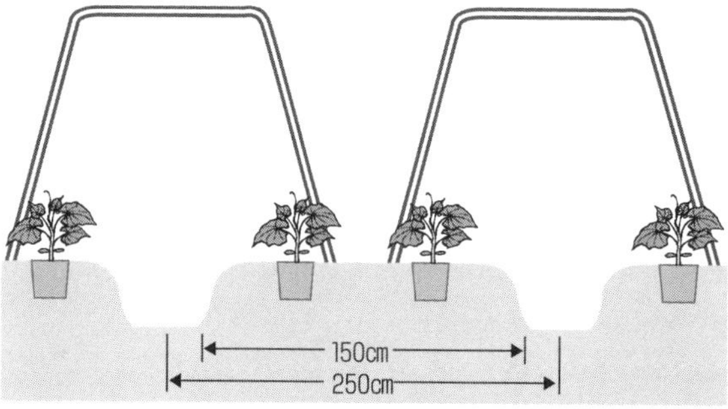

150㎝
250㎝

〈半促成栽培〉
〈ハウス抑制栽培〉

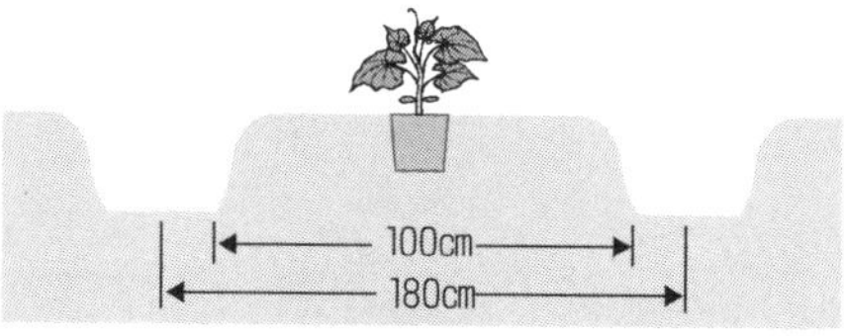

100㎝
180㎝

[スイカ]

露地栽培	ウネ幅 500 cm	株間 70 cm（8 本仕立て）	29 株 /100 ㎡
半促成栽培	ウネ幅 250 cm	株間 50 cm（2 本仕立て）	80 株 /100 ㎡

〈露地栽培〉

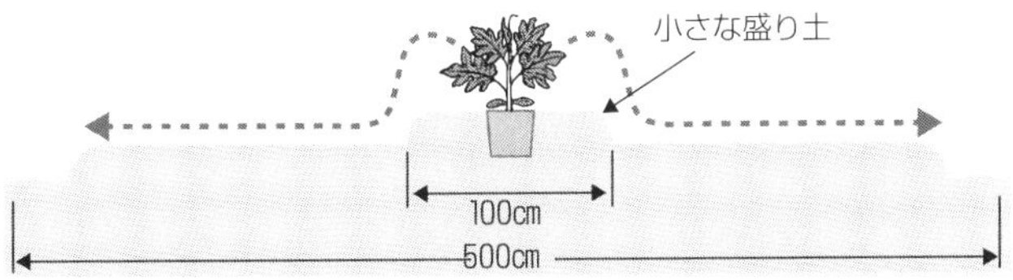

〈半促成栽培〉

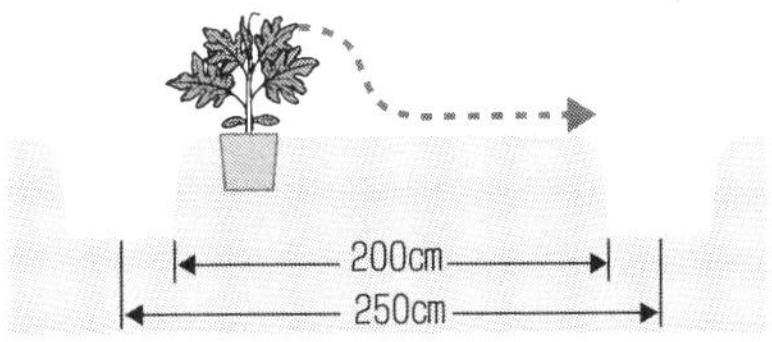

[ヘチマ]

露地栽培	ウネ幅 300 cm	株間 250 cm（4 ～ 5 本仕立て）	13 株 /100 ㎡

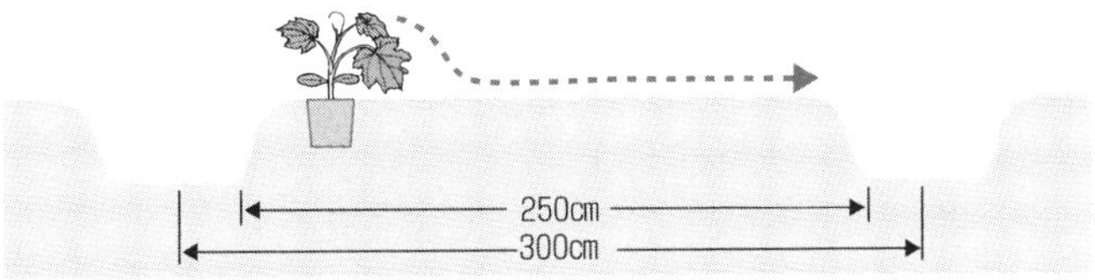

[ズッキーニ]

露地栽培	ウネ幅 180 cm	株間 100 cm	56 株 /100 ㎡
トンネル栽培	ウネ幅 180 cm	株間 100 cm	56 株 /100 ㎡
ハウス抑制栽培	ウネ幅 180 cm	株間 100 cm	56 株 /100 ㎡

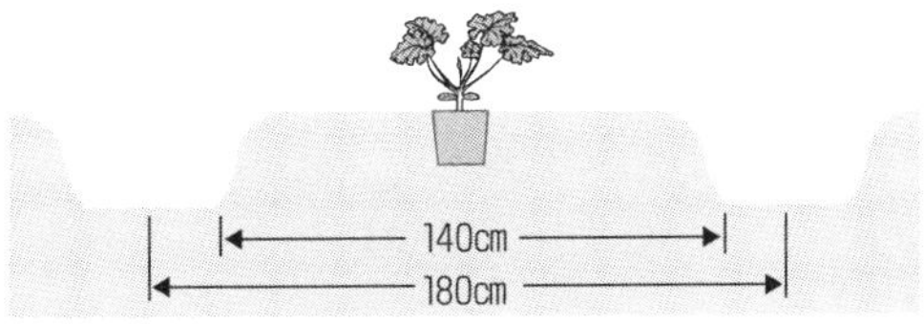

[ピーマン（パプリカも）]

露地栽培	ウネ幅 180 cm	株間 45 cm（4 本仕立て）	123 株 /100 ㎡
半促成栽培	ウネ幅 140 cm	株間 50 cm（4 本仕立て）	142 株 /100 ㎡
ハウス抑制栽培	ウネ幅 140 cm	株間 50 cm（4 本仕立て）	142 株 /100 ㎡

〈露地栽培〉

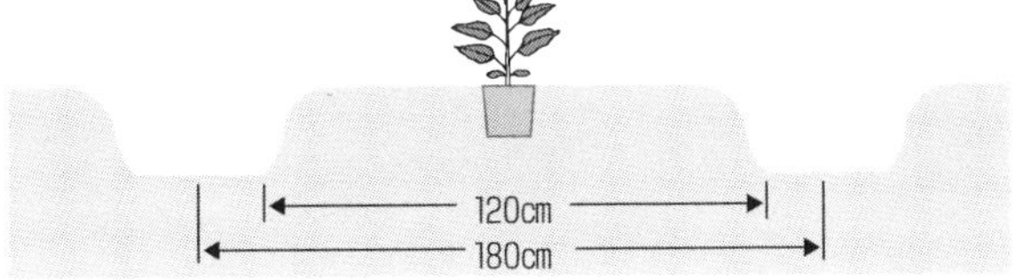

〈半促成栽培〉
〈ハウス抑制栽培〉

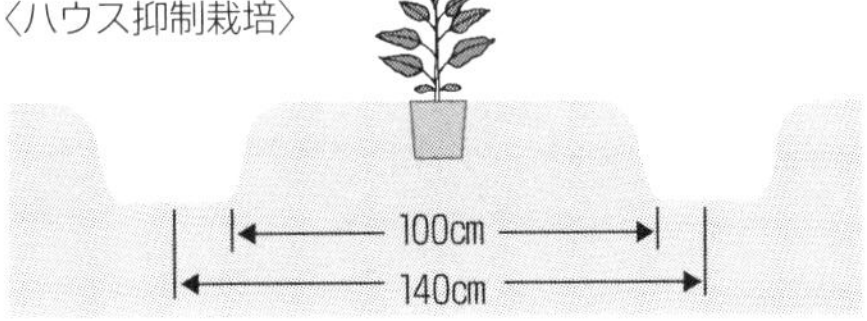

[ニガウリ]

露地栽培	ウネ幅 150 ㎝	株間 220 ㎝（4 ～ 6 本仕立て）	30 株 / 100 ㎡
半促成栽培	ウネ幅 150 ㎝	株間 250 ㎝（4 ～ 6 本仕立て）	27 株 / 100 ㎡

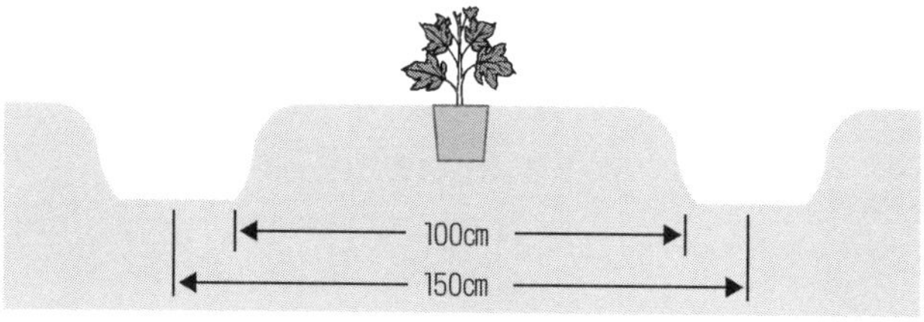
100cm
150cm

[カボチャ（西洋カボチャ）]

露地栽培	ウネ幅 300 ㎝	株間 100 ㎝（3 本仕立て）	33 株 / 100 ㎡

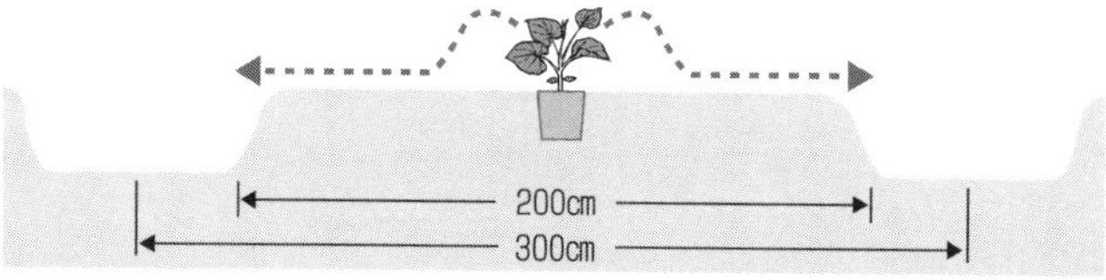
200cm
300cm

[シロウリ]

露地栽培	ウネ幅 240 ㎝	株間 120 ㎝（4 本仕立て）	35 株 / 100 ㎡
半促成栽培	ウネ幅 240 ㎝	株間 120 ㎝（4 本仕立て）	35 株 / 100 ㎡

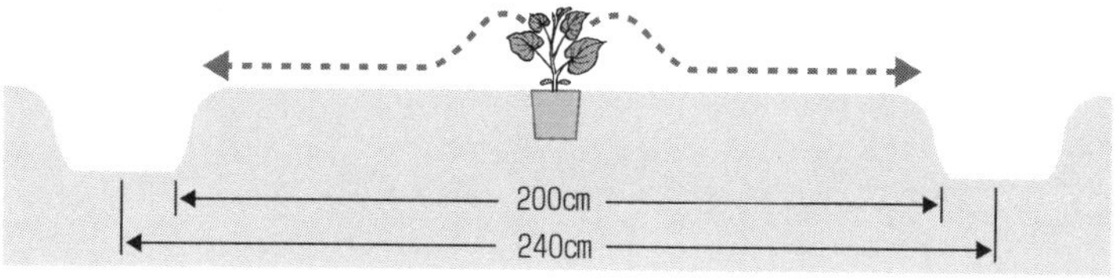
200cm
240cm

[メロン]

早熟トンネル栽培	ウネ幅 400 ㎝	株間 40 ㎝の 2 条（2 本仕立て）	125 株 / 100 ㎡
半促成栽培	ウネ幅 240 ㎝	株間 40 ㎝（2 本仕立て）	104 株 / 100 ㎡

〈早熟トンネル栽培〉

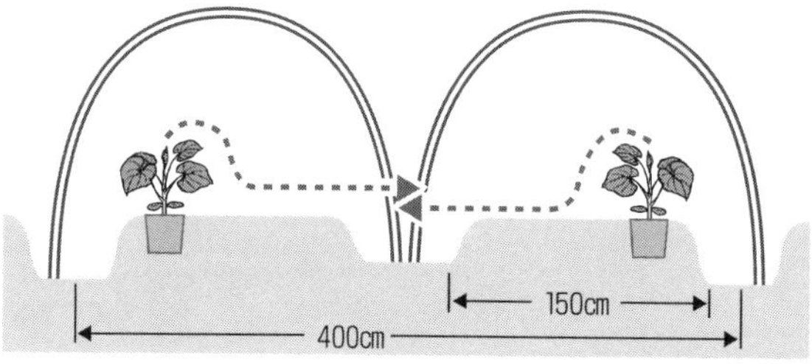
150cm
400cm

〈半促成栽培〉

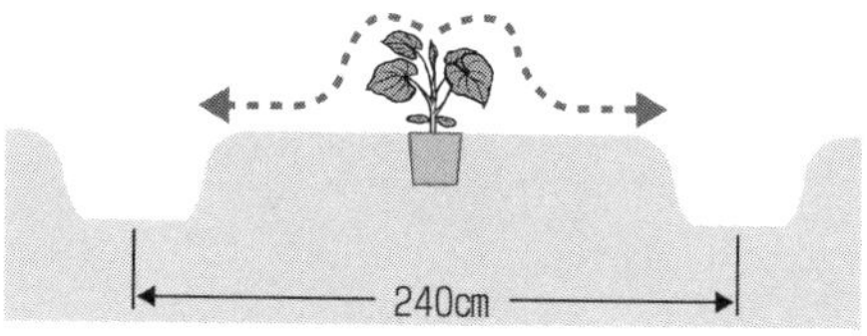
240cm

[ユウガオ]

露地栽培　　ウネ幅 600 ㎝　株間 200 ㎝（3 本仕立て）　8 株 / 100 ㎡

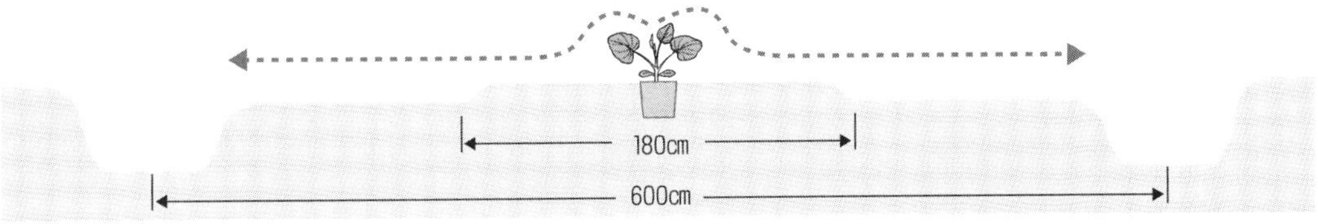

[トウガン]

露地栽培　　ウネ幅 200 ㎝　株間 200 ㎝（4 ～ 5 本仕立て）　25 株 / 100 ㎡

促成栽培　　ウネ幅 250 ㎝　株間 120 ㎝（4 ～ 5 本仕立て）　33 株 / 100 ㎡

〈露地栽培〉

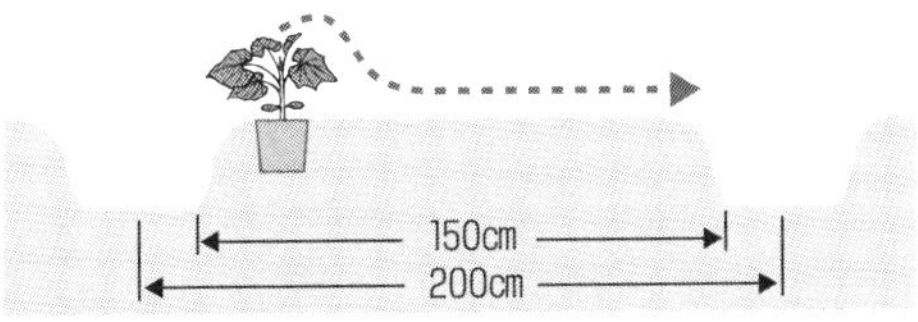

〈促成栽培〉

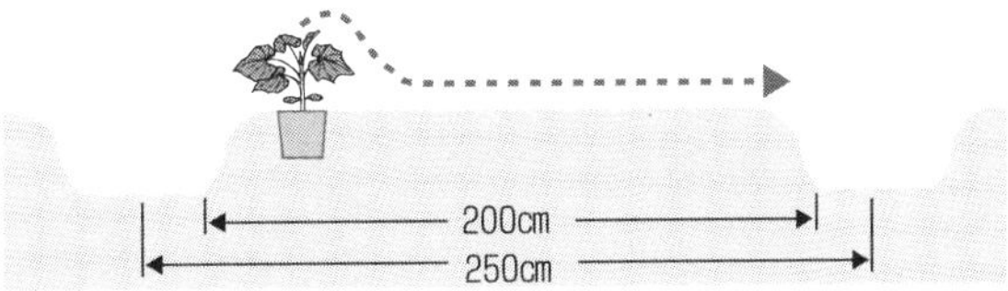

[イチゴ]

露地栽培　　ウネ幅 110 ㎝　株間 25 ㎝の 2 条植え　770 株 / 100 ㎡

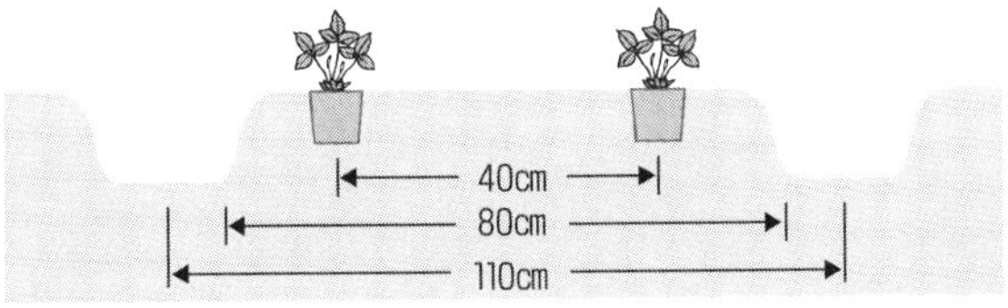

著者略歴

白木 己歳（しらき　みとし）

1953年　宮崎県生まれ
1973年　宮崎県総合農業試験場勤務。農業大学校 農業改良普及所を経て
1990年　宮崎県総合農業試験場勤務
2006年から宮崎県営農支援課
著書「果菜栽培技術マニュアル」（分担執筆）誠文堂新光社、1990年
「ハウスの新しい太陽熱処理法」農文協、1999年
「果菜類のセル苗を使いこなす」農文協、1999年
「キュウリの作業便利帳」農文協、2003年
「野菜の施肥と栽培」（分担執筆）農文協、2006年

写真・図解 果菜の苗つくり
失敗しないコツと各種接ぎ木法

2006年7月30日　第1刷発行
2022年3月5日　第10刷発行

著者　白木 己歳

発行所　一般社団法人 農山漁村文化協会
郵便番号　107-8668　東京都港区赤坂7丁目6－1
電話　03（3585）1141（代表）　03（3585）1147（編集）
FAX　03（3589）1387　振替 00120-3-144478
URL https://www.ruralnet.or.jp/

ISBN978-4-540-05246-0　製作 / 條 克己
〈検印廃止〉　印刷 / ㈱光陽メディア

製本 / 根本製本㈱
Printed Japan
定価はカバーに表示

乱丁・落丁本はお取り替えいたします。